2천 년 유대인
글쓰기 비법

사고력, 논리력, 표현력을 한 번에 기르는
2천 년 유대인 글쓰기 비법

ⓒ 장대은 2021

인쇄일 2021년 8월 12일
발행일 2021년 8월 19일

지은이 장대은
펴낸이 유경민 노종한
기획마케팅 1팀 우현권 **2팀** 정세림 금슬기 최지원 현나래
기획편집 1팀 이현정 임지연 **2팀** 김형욱 박익비 **라이프팀** 박지혜
책임편집 이현정
디자인 남다희 홍진기
펴낸곳 유노북스
등록번호 제2015-000010호
주소 서울시 마포구 월드컵로20길 5, 4층
전화 02-323-7763 **팩스** 02-323-7764 **이메일** uknowbooks@naver.com

ISBN 979-11-90826-71-6 (03190)

TRIVIUM

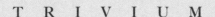

사고력, 논리력, 표현력을 한 번에 기르는

2천 년 유대인
글쓰기 비법

장대은 지음

유노
북스

이 책은 글쓰기의 지평을 넓혀 줍니다. 장구한 역경을 이겨 내고 전방위 탁월성을 표출하는 유대인의 뿌리가 글쓰기에서 비롯되었다는 점을 알려 주는 것만으로도 이 책은 충분한 가치를 제공합니다. 더욱이 그 비법을 3차원으로 구조화해서 누구나 도전할 수 있도록 친절하게 안내했습니다. 글쓰기를 기술에서 예술로, 그리고 삶으로까지 격상시키고자 하는 분들에게 많은 도움이 되리라고 생각합니다.

'유대인에게는 유대인을 만든 글쓰기가 있다'고 저자는 말합니다. 책의 민족의 뿌리는 글쓰기 문화였으며 모든 영역에 걸쳐 보여 준 탁월한 성과는 그 문화의 열매임을 알려 줍니다. "인간 존재의 비밀은 그저 사는 것이 아니라 무엇을 위해서 사는가에 있다"라는 말이 있습니다. 글쓰기의 비밀도 무엇을 위해 쓰는가를 묻는 데에서부터 시작된다는 점을 이 책은 훌륭하게 안내합니다.

전 교보문고 대표 권경현

유대인은 글을 쓰고
글은 유대인을 만든다

유대인의 역사는 고난의 역사다. 유대인이 겪은 비극은 한 시대의 아픔이 아니라 시대를 관통한다. 이 고난은 멸망한 예루살렘의 유대인만의 것이 아니라 '흩어진 사람들'이라는 뜻의 디아스포라(diaspora)로 불리는 전 세계 모든 유대인에게 주어진 멍에였다. 그들은 음지가 터전이었고 역사의 주류로 살지 못했다.

그래서일까? 역사가 증언하는 유대인의 생존 능력은 상식을 뛰어넘는다. 어느 민족에게서도 유례를 찾을 수 없다. 팔레스타인을 떠나

온 세계에 흩어져 이방인으로 살아야 했던 디아스포라 유대인은 불행과 비극 가운데서 근근이 생존하는 데 머물지 않았다. 다른 민족의 땅과 사회에서 영향력을 키웠으며 작은 기회의 틈에서 큰 변화와 성취를 이루었다. 그러면서도 유대교의 규범과 생활 관습을 유지했다.

유대인의 영향력은 분야를 불문한다. 교육, 문학, 창업과 경영, 농업, 과학, 예술 등 인간이 성과를 낼 수 있는 모든 분야에서 두각을 나타냈다. 노벨상 수상자의 23퍼센트, 미국 아이비리그 대학의 교수 4명 중 1명은 유대인이라는 이야기, 미국 100대 기업 중 40퍼센트가 유대인의 소유라는 것, 세계 인구의 0.2퍼센트밖에 안 되는 유대인이 세계 억만장자의 30퍼센트를 차지하고 있다는 〈포브스〉의 발표는 익숙하기까지 하다.

이런 사실들을 보며 문득 유대인이 성공을 거듭하는 알고리즘이 있을 것이라는 생각이 들었다. 또한 나는 교육에 뜻을 둔 사람으로서 있는 그대로의 유대인을 찾아가는 연구가 충분히 의미 있을 것이라고 보았다.

지금까지 4개 대륙 35개국을 여행했다. 2018년 봄부터 2019년 가을까지는 유럽 8개국을 방문했고 모든 나라에서 유대인의 흔적을 어렵지 않게 발견할 수 있었다. 책으로 살핀 디아스포라 유대인의 흔적을 역사 현장에서 직접 목격하자 그들의 삶이 살아나 꿈틀거리며 다가왔다.

여행 이후 지난 2019년부터 2년간 유대인의 역사 기록들을 살피기 시작했다. 교육적 관점에서만이 아니라 유대 민족 자체에 집중했다. 유대인 관련 서적 70여 권을 읽고 정리했고 수많은 유대인 다큐멘터리도 살펴보았다. 또한 이전에 방문했던 나라와 살펴본 적 있는 유대인의 기록들을 다시 한 번 복기했다. 유대인과 관련한 이슈들을 역사적, 교육적인 관점에서 정리하는 의미 있는 시간이었다. 그 사이 유대인을 주제로 출간한 두 권의 책은 당시에 진행한 탐구 과정의 작은 결과물이다.

유대인의 글쓰기에 주목하다

유대인의 탁월함을 논하는 책은 많이 접할 수 있다. 분야도 다양하다. 많은 유대인 전문가가 유대인의 질문법과 토론법인 하브루타를 다루었다. 독서법과 가정 식탁 문화도 유대인의 특별함을 이끈 요인으로 강조한다. 유대인의 경전인 토라와 타나크, 탈무드는 그들의 신비함을 더해 준다. 비종교인 교육 전문가들도 유대인의 성취 원인을 유대교가 지닌 문화적 요소로 이야기할 정도다.

이 모든 것이 탄생하게 된 5천 년의 고난, 2천 년 동안 디아스포라 민족으로 살아온 유대인의 여정 또한 연구 대상이다. 어느 것 하나 놓칠 수 없는 이 사실들은 유대인을 뛰어난 민족으로 만든 원천 능력의 조각들이며 도구다. 이 도구들을 살피고 연구하는 목적은 하나다. 유대인의 탁월함과 성공의 원인을 찾기 위함이다.

나는 지금까지 유대인 전문가들이 강조한 내용들을 살피고 연구하면서 부족한 요소를 찾아 유대인의 성취의 비밀을 더 확실히 설명하기 위해 힘썼다. 고민하고 갈등하며 연구한 결과들을 저술했지만 이런 요인 하나하나는 작은 퍼즐조각에 지나지 않는다는 사실 또한 부정하지 않는다. 모든 이가 관심을 갖는 유대인의 성취가 그들이 무엇을 하나 빼어나게 잘했기에 나타난 것이 아님을 알기 때문이다.

그런데 지난 2년간 유대인을 연구하며 든 의문이 한 가지 있었다. 유대인을 연구한 서적은 수백 권이지만 유대인의 글쓰기 문화를 심층적으로 논한 책은 한 권도 없다는 것이었다. 유대인과 글쓰기가 큰 연관이 없어서일까? 그럴 수는 없었다. 유대인의 성취가 두드러지는 가장 큰 이유는 그들의 글쓰기에 있다. 다만 그동안 하브루타, 쩨다카, 가정 식탁 교육 등 유대인의 특별하고 신비하기까지 한 일상 교육이 크게 주목받았고 독서와 질문법이 더 집중된 반면 가장 고차원적인 학습 도구인 글쓰기는 상대적으로 덜 조명받았을 뿐이다.

세계에 이름을 알린 모든 유대인은 표현의 과정을 통해 업적을 인정받았다. 그중 글이 가장 대표적인 표현 수단이라는 점은 재차 강조할 필요가 없다. 유대인에게 글쓰기는 언제 어디에서든 세상에 자신의 역량을 드러내고 존재를 평가받는 수단이었으며 힘이었다. 유대인의 다른 도구들이 모두 정보 습득과 논리 영역에서 역량을 세워 가는 준비 도구였다면 글쓰기는 이들의 역량을 드러낸다는 점에서 확실히 구별된다.

글쓰기 없는 역사 없고, 글쓰기를 통한 증명 없는 진보는 불가능하다. 특히 유대인은 그 어느 민족보다 글과 쓰기에 적극적이었다. 역사는 유대 민족이 책의 민족이요, 글쓰기의 민족임을 증명해 준다. 이런 의미에서 유대인의 특별함을 만든 성취 요인 중 글쓰기가 다루어지지 않았다는 사실은 실수에 가깝다. 나열하기 힘들 정도로 다양한 분야에서 탁월한 차이를 만들어 온 유대인의 성취의 중심에 그들의 글쓰기가 있었기 때문이다.

유대인의 모든 성취 도구와 교육의 방법과 기술의 핵심은 '트리비움(trivium)'이다. 트리비움이란, '세 가지 배움[삼학(三學)]'을 뜻하는 라틴어로, 고대 그리스부터 유럽 교육의 중심을 이루었던 커리큘럼 중 하나다. 트리비움의 3원리는 '문법, 논리, 수사'다. 문법은 정보의 수용력을 키우는 것, 논리는 받아들인 정보의 논리력 강화와 조직화, 수사는 궁극적인 목표를 창조적으로 표현하는 것이다. 유대인이 보여 준

차별성이 어디로부터 왔는지 묻는다면 나는 그 해법이 트리비움으로부터 온 것임을 강조하고 싶다.

이 책에서 다룬 3단계 글쓰기 방법도 트리비움의 3원리를 뼈대로한다. 수많은 정보에서 단어들을 떠올리고, 떠올린 단어를 핵심으로문장을 논리적으로 줄 세우며, 창의적으로 표현하는 것이다. 유대인이 2천 년간 배운 글쓰기를 이 방법을 통해 체득할 수 있을 것이다.

이 책을 쓰는 가장 큰 목표는 유대인의 특별함을 만들어 낸 요인을설명하고 우리 삶에 적용하기 위해서다. 집필 과정에서 참고 자료가부족해 어려움을 겪기도 했지만 그들의 역사 곳곳에 흩어져 있던 조각조각의 흔적들을 퍼즐처럼 맞춰 가는 것은 큰 즐거움이었다.

또한 나는 이 책을 위해 연구를 하며 유대인과 그들의 교육에 대한대중의 잘못된 환상을 바로잡아야 할 필요도 느꼈다. 유대인에 대한부분 지식과 오류 지식이 넘친다. 그래서 자기 계발 영역에서 균형잡힌 바른 기준을 제시하고자 노력했다. 동시에 그들을 둘러싼 종교,문화, 공동체와 일상 곳곳에 흩어져 있는 본질적인 성공 요소들을 찾기 위해 힘썼다. 한편으로는 유대인이 탁월한 이유가 그들 자체가 특별한 존재라서가 아니라는 것을 이야기하려 했다.

항상 처음은 어렵다. 하지만 지금까지의 유대인 연구에 글쓰기에 관한 이해가 더해진다면 유대인의 성취를 살피고 우리의 삶에 적용하는 일에 큰 도움이 될 것이라 믿는다. 균형 잡힌 인간 존재의 자기계발 콘텐츠요, 유대인의 성취를 가능하게 했던 핵심 도구인 글쓰기가 독자들의 삶에도 의미 있게 활용되기를 기대해 본다.

PART 1

당신이 지금 당장
글쓰기를 시작해야 하는 20가지 이유

: 유대인에게 배우는 '글쓰기의 태도'

PART 2

어떻게 쉽고, 분명하고,
남다르게 글을 쓸 것인가?

: 유대인이 2천 년 동안 갈고닦은 '트리비움 3단계 글쓰기'

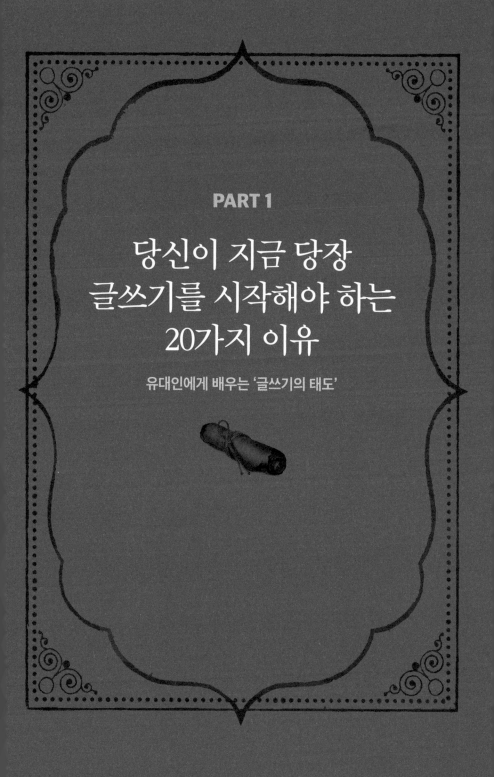

PART 1

당신이 지금 당장 글쓰기를 시작해야 하는 20가지 이유

유대인에게 배우는 '글쓰기의 태도'

1

나는 글을 쓴다,
그러므로 나는 존재한다

글쓰기 제1원리

"아마 당신도 1년 반이나 갇혀서 지낸다면 종종 견딜 수 없게 될 때가 있을 거예요. 아무리 올바른 판단력이 있고 감사하는 마음을 잊지 않아도 마음 깊은 곳의 솔직한 느낌까지 억누를 수는 없거든요. 자전거를 타고, 춤을 추고, 휘파람을 불고, 세상을 보고, 청춘을 맛보고, 자유를 만끽하고. 나는 이런 걸 동경해요. 그러나 그런 마음을 밖으로 드러내서는 안 되죠. 하기는 우리 여덟 사람 모두가 자신을 불쌍하게 여기거나 불만스러운 표정을 지으며 지낸다면, 도대체 어떻게 될까요?"

독일 비밀 경찰을 피해 가족과 숨어 살아야 했던 안네 프랑크의 고백이다. 14살 소녀의 일기에서 당시의 우울함이 느껴진다. 그녀는 언제 들킬지 모르는 전쟁 상황, 가족과 부딪힐 만큼 좁은 공간에서 기침 소리조차 마음대로 낼 수 없이 1년 반이나 숨어 지내야 했다.

안네 프랑크는 자신의 열세 번째 생일날에 받은 일기장에 '키티'라는 이름을 붙이고 친구에게 이야기하듯 글을 쓰기 시작했다. 나치의 반유대 정책이 극에 달하던 1942년 6월 12일부터 1944년 8월 1일까지 2년 2개월 동안 기록된 안네의 일기는 현재 2차 세계 대전 당시 유대인의 아픔을 어린 소녀의 시각에서 볼 수 있는 귀중한 자료다.

안네가 일기를 쓴 것은 거창한 다른 의미가 있었기 때문이 아니었다. 역사적인 현장의 소식을 전한다는 사명을 갖고 한 일도 아니었다. 단지 외로움 때문이었다.

"드디어 문제의 핵심, 내가 왜 일기를 쓰기 시작했는가에 대해서 말할 차례인데, 그건 한마디로 마음을 털어놓을 만한 참다운 친구가 나에게는 없기 때문입니다. 좀 더 분명히 말하겠어요. 열세 살 먹은 여자아이가 스스로 이 세상에서 외톨이라고 느끼고 있다. 아니 실제로 외톨이라고 해도 아무도 믿지 않을 테니까요."

안네에게 글쓰기는 어두운 고통 속의 유일한 빛줄기였다. 참아 내기 힘든 상황이었지만 키티에게 이야기를 글로 쏟아 내며 견딜 수 있었다. 그러나 안타깝게도 안네 프랑크는 자유를 맞이할 수 없었다. 1945년 3월, 그토록 바라던 전쟁에서의 해방을 몇 달 앞두고 안네 프랑크는 베르겐 벨젠 수용소에서 죽음을 맞이했다. 우리에게는 그녀의 일기만이 남겨졌다. 사람들은 그 일기를 통해 안네 프랑크를 만난다. 전쟁의 고통과 해방을 꿈꿨던 안네의 숨결이 일기 속 문장에 배어 우리에게 전해진다.

글쓰기로 나의 존재감을 보여라

'코지토 에르고 숨(Cōgitō ergo sum).'

'나는 생각한다. 그러므로 나는 존재한다'는 의미의 라틴어다. 철학과 학문의 기초에 대해 고민하던 데카르트가 철학의 제1원리로 삼았던 고백이다. 그는 세상의 모든 것을 불확실한 것으로 여겼다. 하지만 오직 한 가지, '의심하며 생각하는 존재'만을 의심할 수 없는 확실한 것으로 봤다. 이런 차원에서 글쓰기는 데카르트 철학의 제1원리에 가장 부합하지 않을까? 글을 쓰는 가운데 생각하는 자신을 직면해야 하기 때문이다.

　사람은 글로써 세상을 자기만의 언어로 정의한다. 의미가 없던 것에 의미를 부여한다. 그러면서 관계없던 세상과 세밀하게 연결되어 간다. 글쓰기를 통해 자신의 존재, 삶의 자리가 분명해짐을 느낀다.

　《안네의 일기》는 얇은 종이에 쓰인 작고 연약한 소녀의 고백이다. 그러나 그녀의 글은 결코 약하지 않다. 고난의 시기를 참고 견뎌 낸 종이 위 문장들은 오늘을 사는 우리에게 고통과 아픔의 역사를 고스란히 마주하게 한다. 그리고 글을 통해 전해져 오는 안네의 숨결은 시대를 넘나들며 사람들의 마음에 울림을 준다.

　얇은 종이 위에 쓰인 글은 인간보다 잘 참고 견딘다. 그렇게 인류의 역사는 우리에게 글로 메시지를 전한다. 이런 차원에서 데카르트 철학의 제1원리는 글쓰기의 제1원리라 해도 무방하다. 글은 나를 재발견하는 과정일 뿐 아니라 세상에 나의 존재감을 보여 주는 여정이기 때문이다.

　'나는 글을 쓴다. 그러므로 나는 존재한다.'

2

상위 1퍼센트 민족은
평생 이것을 배운다

영향력

사람들은 왜 강연장을 찾을까? 자신이 알고 싶은 분야의 전문가에게 이야기를 듣기 위함이다. 강사는 단순히 말 잘하는 사람이 아니다. 자기 분야에서 남다른 정보나 새로운 관점을 가지고 전문성을 인정받은 이다. 아무리 말을 잘해도 이루어 놓은 업적이 없다면 강연자로서 권위를 얻을 수 없다.

그들은 어떻게 전문성을 인정받을 수 있었을까? 표현의 과정을 통해서다. 자기가 속한 분야에서의 업적은 글을 통해 인정받는 것이 일반적이다. 그렇다면 전문가는 누구인가? 다양한 정의가 있겠지만 보통 자신이 속한 분야에 대해 글을 쓰는 사람이다. 모든 전문가가 글을 쓰는 것은 아니다. 소수의 사람만이 글을 쓰지 않음에도 전문가로 인정받는 예외는 존재한다. 그러나 대다수의 전문가는 말을 넘어 글을 통해 자신의 전문성을 인정받는 '글 쓰는 사람'이라는 사실을 부정할 수 없다.

농사를 짓는 사람은 많지만 전문가는 따로 있다. 농업 전문가는 농사만 짓지 않는다. 그 원리와 과정을 글로 정리한다. 개발된 농법을 글로 정리하여 사람들을 가르치고 보급하는 일에 힘쓴다. 체육과 예술 분야도 마찬가지다. 뛰어난 운동선수가 모두 뛰어난 지도자가 되는 것은 아니다. 자기 영역의 원리와 차이를 글로 일목요연하게 정리하는 능력이 있어야 한다. 눈에 보이는 현상뿐만 아니라 그 이면의 원리도 정리하고 글로 표현하는 자가 그 분야의 전문가로서 생명력을 이어 간다.

글은 전파될수록 영향력이 확장된다. 표현하지 않은 사랑은 사랑이 아니라고 했던가? 표현되지 않은 전문성을 인정받을 길은 없다. 여기에서 말하는 글은 수려한 문장만이 전부가 아니다. 글의 의미와 속성, 글이 가진 힘, 글 쓰는 사람이 투자한 시간과 내공, 진실함과 증명되는 차별성이 핵심이다.

또한 전문가는 자신의 호기심과 상상력을 구체화할 줄 아는 사람이다. 관심 대상을 관찰해서 그 결과를 기록으로 남기는 사람이다. 그 과정을 통해 다른 사람들이 보지 못하고 알지 못한 작은 차이를 발견하고 만들어 내는 사람이다. 사람들 대부분이 생각만 하는 데 그칠 때 그들은 사고와 관찰의 결과를 글로 남긴다. 글쓰기를 통해 하나의 주제를 다양한 관점에서 바라본다. 전문 분야와 전혀 관계없어 보이는 분야와의 연결 고리도 이 과정을 통해 탄탄해진다. 또한 누락된 정보가 보완되고 오류가 수정된다.

누가 전문가인가? 글을 쓰는 사람이다. 전문가가 글을 쓰는 것이 아니다. 글을 쓰는 이가 전문가가 된다.

유대인의 핵심 도구, 글쓰기

유대인의 성취를 이야기할 때면 그들의 독서, 질문법, 하브루타, 가정 식탁 교육의 특별함이 빠지지 않고 강조된다. 유대인의 역사와 종교적인 영향에 대한 관심도 크다. 그들의 성취와 성공의 요인을 찾고 적용하기 위한 연구는 지금도 여러 분야에서 계속되고 있다. 그리고 여기에서 한 가지 질문을 던질 수 있다.

'유대인의 특별함을 만든 수많은 방법을 관통하며 그들의 성취를 설명할 수 있는 핵심 요소는 무엇일까?'

이 질문에 대한 답을 궁구한 결과가 바로 '글쓰기'다. 유대인의 영향력과 성취는 2천 년 동안 여러 영역에서 발견되었는데, 대중은 그들이 쓴 글로 유대인의 특별함을 마주해 왔다. 유대인의 독서법, 질문법, 탈무드 연구, 하브루타와 그 도구들을 통해 여러 분야에서 얻은 생각들은 최종적으로 글로 정리되었다. 논문으로, 보고서로, 사업 계획서와 회계 장부로, 극본과 책 등으로 다양한 채널을 통해 소개되었다. 우리가 마주한 유대인의 모든 결실은 어떤 형태로든 글 없이 존재하지 않는다.

물론 유대인만 글을 써 온 것은 아니다. 기억해야 할 점은 글쓰기가 특출난 유대인 몇 사람의 전유물이 아니라는 사실이다. 글쓰기는 유대인의 기본기다. 어린 시절, 가정과 학교나 회당에서만 배우는 교과 과정이 아니다. 유대인 대다수는 성인이 되어서도 자기 분야의 업적과 성취를 이루기 위해 글쓰기를 연마한다. 글쓰기는 유대인의 삶 중심에 항상 있었다. 유대인 글쓰기가 특별한 이유는 여기에서부터 출발한다.

3

고대 이스라엘부터 내려온
가장 중요한 유산

쇼라쉼

유대인의 글쓰기 문화는 고대 이스라엘 시대로부터 발견된다. 유대교의 경전 토라 중 쉐마는 이렇게 전한다.

"이스라엘아 들으라 우리 하나님 여호와는 오직 유일한 여호와이시니

너는 마음을 다하고 뜻을 다하고 힘을 다하여 네 하나님 여호와를 사랑하라.

오늘 내가 네게 명하는 이 말씀을 너는 마음에 새기고

네 자녀에게 부지런히 가르치며 집에 앉았을 때든지 길을 갈 때에
든지 누워 있을 때든지 일어날 때에든지 이 말씀을 강론할 것이며

너는 또 그것을 네 손목에 매어 기호를 삼으며 네 미간에 붙여 표로
삼고

또 네 집 문설주와 바깥문에 기록할지니라."

유대인의 믿음과 신앙의 전승은 듣기나 암송만으로 이루어진 것이
아니다. 글쓰기는 신앙 전승의 중요한 수단이었다. 유대인은 쉐마의
명령을 따라 율법을 곳곳에 기록했다. 율법을 양피지에 기록하여 손
목에 채우고, 검정색의 작은 가죽 상자인 테필린(Tefillin)에 넣어 머리
에 메고 다녔다. 그 작은 상자를 문설주와 바깥문에도 붙이고 그 안
에 쉐마의 말씀을 기록하여 넣었다. 그리고 집을 들고 날 때마다 읽
고 암송하며 기억했다. 그것을 히브리어로 메주자(mezuzah)라고 한다.
유대인은 문을 지날 때마다 메주자를 어루만지며 쉐마의 명령을 기
억하는 수단으로 삼았다. 길을 갈 때, 앉아 있을 때나 일어날 때나 누
웠을 때 언제라도 말씀을 가르치고 배웠다. 그들에게 율법을 기록하
여 보관하고 나누는 일은 매우 중요한 일이었다. 신의 명령이었으며
진정한 유대인이 되게 하는 중요한 행위였다.

'여호수아는 거기에서 이스라엘 백성이 지켜보는 가운데 모세가 기록한 율법을 돌에 기록하였다.' (여호수아 8:32)

이런 기록을 미루어 볼 때 유대인에게 글쓰기는 특별한 활동이 아님을 알 수 있다. 신을 향한 믿음의 행위로, 민족 모두에게 체화된 일상이었다.

유대인의 뿌리를 만든 글쓰기

에스라는 페르시아 시대 이스라엘 민족의 지도자 중 한 사람이다. 유대교의 경전 타나크는 그를 학사(필경사)로 소개한다. 고대 이스라엘에서 학사는 글을 다루는 사람으로서 정치적, 종교적으로 막강한 권력을 가졌다. 타나크 중 에스라서는 에스라가 "여호와의 율법을 연구하여 준행하며 율례와 규례를 이스라엘에게 가르치기로 결심하였었더라"(에스라 7:10)라고 전한다. 유대인은 율법을 기록하고 낭독하였을 뿐 아니라 율법을 읽고 쓰며 연구하는 일을 중요한 일로 여겼다.

이를 통해 지도자들은 글쓰기에 능하였으며 백성에게 읽기와 쓰기를 가르치는 일이 그 어떤 민족보다 폭넓게 진행되었음을 알 수 있다. 유대인에게 책을 읽고 글을 쓰는 행위는 유일신 하나님께 예배드리는 행위인 동시에 험난한 세월을 버티며 유대인의 영향력을 확장해 온 삶의 무기다.

《유대인을 만든 책들》의 저자 애덤 커시 교수는 말했다.

"유대인에게는 문해력, 연구, 지성을 중시하는 오랜 전통이 있다. 유대인은 읽고 쓰기에 관심이 많다. 그들은 글을 통해 유대 문화를 표현해 왔다. 유대인은 그들의 나라가 없었고 지어야 할 건물도 없었기 때문이다. 그래서 유대인에게는 책이 그들을 표현하는 주요 수단이었다."

《옥스퍼드 근동 고고학 백과사전(The Oxford Encyclopedia of Archaeology in the Near East)》의 편집자 에릭 메이어스도 이야기한다.

"고대 이스라엘에서는 글쓰기가 종교 생활에서 없어서는 안 될 위치를 차지했다."

유대인에게 있어 자녀에게 상속할 유산은 돈이 아니었다. 그들이 중요하게 여기는 유산은 세 가지로 정리할 수 있다. 첫 번째 유산은 '보이지 않는 유일신에 대한 믿음과 신앙'이다. 두 번째 유산은 오늘도 유대인의 힘의 원천으로 자리하고 있는 경전인 '토라와 타나크', 보이는 믿음인 '탈무드'다. 세 번째 유산은 그것을 공동체 안에서 읽고 듣고 토론하며 쓰는 '배움과 가르침의 문화'다.

유대인들은 생각하는 능력, 말과 글로 자신을 표현할 수 있는 역량을 자녀들의 유산으로 남기는 것을 부모의 사명으로 여겼다. 그것을 삶의 뿌리(쇼라쉼 מִיֹשַׁרֶשׁ) 문화로 만들었기에 오늘날 유대인의 성취가 이루어질 수 있었다.

4

야구 선수가 랍비로
인생을 전향한 이유

최상의 능력

마빈 토케이어는 유대인 랍비다. 우리나라를 비롯해 동양에 탈무
드를 소개하고 대중화를 이끈 인물이다. 토케이어는 1962년 주한 미
군 유대 종군 랍비로 파견되며 우리나라와 인연을 맺었다. 1968년부
터는 9년간 일본에 거주하며 대학에서 히브리어 교수로, 일본 유대교
단의 대표 랍비로 활동하며 우리나라와 일본에 다양한 탈무드 도서
를 선보였다. 우리나라에 소개된 초기 탈무드의 대부분이 그가 정리
한 작품이다.

마빈 토케이어의 성장 과정을 보면 한국 부모를 넘어서는 유대 부모의 교육열을 엿볼 수 있다. 그는 초등학생 시절 학교 두 곳을 함께 다녔다. 오전과 오후에는 미국 현지 초등학교를, 저녁에는 히브리어 초등학교를 다니며 전통 유대 교육을 받았다. 대학 시절에도 마찬가지였다. 그는 철학 석사, 교육학 석사 외에도 탈무드 문학 석사를 갖고 있다. 오늘날에야 복수 전공자가 많지만 예전에는 흔한 일이 아니었다.

그는 운동에서도 두각을 나타냈다. 대학에서 야구 선수로 활동했는데 메이저리그 프로 구단의 스카우트 제의를 받기도 했다. 진로의 갈림길에서 프로 야구 선수가 아닌 학자의 길을 선택하게 된 것은 아버지의 조언 때문이었다. 아버지는 "몸을 쓰는 일보다는 머리를 쓰며 살아가는 일이 너에게 맞을 듯하다"라며 조언을 주었고 마빈 토케이어는 이후 랍비의 길을 걷게 되었다. 이는 몸을 쓰는 직업을 비하했다기보다 머리를 쓰는 일을 더욱 중하게 여겼기 때문이라는 설명이 적절할 것이다.

이는 비단 마빈 토케이어의 가정에 국한된 이야기가 아니라 유대인 대다수의 공통된 가치관이자 교육관이다. 그 옛날 디아스포라 백성으로 살며 고난당했기 때문일까? 아니면 신의 가르침에 대한 순종의 태도일까? 그들에게 머리를 쓰며 공부하고 살아가는 일은 생존의 문제인 동시에 신 앞에서 자신의 존재를 분명히 하는 삶의 선택지였다. 유대인의 파워가 금융, IT, 의료, 문화, 패션 등 전 영역에 걸쳐 나타나는 것도 이러한 문화적인 배경이 있었기 때문이다.

글은 생각이며 영향력이다

유대인의 고대부터 전해져 내려 온 글을 읽고 쓰는 문화는 오늘날에도 그들의 기반이 되어 준다. 글은 표현된 생각이며 사람과 시대를 움직이는 영향력이다. 인공 지능이 모든 영역에 적용되어 활용되는 특이점의 시대에도 글은 여전히 세상을 바꾼다. 세계를 움직이는 거대한 손, 유대인이 영향력을 키우고 전파하도록 가능하게 만든 핵심 능력이 글을 읽고 쓰는 과정에서 준비되었다는 사실을 잊어서는 안 된다.

유대인의 글쓰기는 의무만이 아니었다. 의무인 동시에 권리였다. 한편으로는 그들의 바람이었다. 유대인에게 글쓰기는 종교적 가르침을 전파하는 신앙과 사상의 통로일 뿐 아니라 세상을 움직이는 돈과 권력, 힘의 원천이 되어 왔음을 기억해야 한다.

유대인인 에어비앤비의 창업자이자 최고 경영자 브라이언 체스키도 강조한다.

"경영자의 최고 능력 가운데 하나는 글쓰기다."

기업가뿐만 아니라 모든 분야의 전문가에게 글쓰기는 최고의 무기가 되어 주었다. 유대인의 성취는 그것의 강력한 증거다.

글쓰기는 공부해야 할 수많은 과목 중 하나가 아니다. 인생을 설계해 가는 과정에서 갖추고 연마해야 할 최고의 수단이요 기술이며 자산이다. 나를 위한 선물이며 다음 세대의 삶에 부여된 새로운 기회임을 잊지 않아야 한다. 유대인이 조상들로부터 글 쓰는 문화를 물려받았듯 우리도 글쓰기의 즐거움과 가치를 삶의 유산으로 상속해야 한다. 그것이 세상을 살아가는 힘과 영향력의 원천 능력임을 알기 때문이다.

5

문맹률 99퍼센트 유럽에서
유대인이 선점한 것

문해력

"당신이 사회에 첫발을 들여놓는 순간부터, 당신이 어느 정도 효과적으로 무슨 일을 하느냐는, 말이나 글로써 다른 사람에게 영향을 미치는 능력에 달려 있다. 당신의 생각을 말이나 글로써 전달하는 능력의 중요성은 조직에서 그 지위가 상승해 갈수록 더욱 중요하게 된다. 아주 큰 조직에서는 아마 표현하는 능력 그 자체만으로도 사람이 가질 수 있는 모든 능력 중에서 가장 중요한 능력이라고 할 수 있다."

현대 경영학의 대가이자 유대인인 피터 드러커의 말이다. 유대인이 유럽 상권을 장악한 영향력은 읽고 쓰고 말할 줄 아는 능력에서 나왔다. 유대인이 유럽에서 부를 축적한 결과를 이해하기 위해서는 유럽에서의 디아스포라 역사를 이야기하지 않을 수 없다.

힘은 갖기는 어렵고 잃기는 쉽다

로마에 의해 멸망한 유대인은 이스라엘을 떠나 디아스포라 민족으로 살아가게 된다. 이때 두 분파로 나뉘었는데 아슈케나지(Ashkenazi)와 세파르디(Sephardi)다.

중세 이후 현대에 이르기까지 유대인의 대다수는 유럽에 넓게 퍼져 자리 잡은 아슈케나지 사람들이었다. 그들은 동부 이라크와 시리아에 자리 잡고 살다가 학대를 피해 북진하여 독일과 동유럽에 자리를 잡았다.

세파르디는 이스라엘 멸망 후 서쪽 이집트와 튀니지를 거쳐 스페인의 코르도바 지방을 중심으로 살았던 스페인계 유대인을 말한다. 셈족 유대인의 후손인 세파르디는 수는 적었지만 다른 디아스포라 유대인과 달리 이슬람 지역에 살며 수백 년간 번영을 누렸다. 당시만 해도 스페인 지역의 유대인과 이슬람은 크게 대립하지 않았기 때문이다. 이슬람 세력이 스페인 정권을 잡은 500여 년간 수많은 유대인이 정부 고위 관리로도 등용되고 스페인 경제를 좌지우지하는 세력으로 자리 잡았다.

1492년 스페인에 가톨릭 정권이 들어서면서 유대인은 위기에 직면한다. 스페인 통일 왕국을 수립한 이사벨라 여왕과 페르난도 2세가 레콩키스타를 펼쳤기 때문이다. 레콩키스타는 이베리아반도(스페인과 포르투칼) 북부의 로마 가톨릭 왕국들이 남부의 이슬람 세력을 축출하고 가톨릭을 회복한 운동을 통칭하는 말이다.

가톨릭 세력이 정권을 잡은 이후 유대인에 대한 억압도 시작되었다. 이사벨라 여왕은 이슬람과 유대 민족에게 가톨릭으로의 개종을 노골적으로 강요했다. 대표적인 사건이 알함브라 칙령이다. 가톨릭으로 개종하거나 4개월 내로 스페인에서 떠날 것이 내용의 골자였다. 이슬람과 유대인에게는 추방령과 다름없었다. 그 과정에서 가톨릭의 종교 재판(인퀴지션)이 발생한다. 소수의 유대인만이 개종하여 스페인에서 삶을 이어 갔다. 이것도 자원이라기보다는 강제 개종에 가까웠다. 다수의 유대인은 탄압에 고통받다가 이베리아 반도에서 추방된다. 스페인의 가톨릭 회복 운동 레콩키스타는 종교 재판을 불렀고 핍박과 죽음, 추방으로 마무리되었다.

천대받던 이방인은 어떻게 부를 축적했나?

이베리아 반도를 떠난 유대인 중 다수가 이탈리아의 베네치아로 몰려들었다. 늘어나는 유대인들로 인해 베네치아에는 유대인 거주지 게토(ghetto)가 조성되었다. 게토는 본토인들이 유대인을 견제하고 탄압하기 위한 수단이었다. 유대인은 어디를 가더라도 차별과 탄압을 받았다.

놀라운 점은 그런 상황에서 유대인은 생존을 넘어 자신들의 자리를 잡으며 타국 땅에서 영향력을 키워 갔다는 사실이다. 유대인의 이러한 생존 능력은 베네치아에서만 보여 준 것은 아니었다. 가는 곳곳마다 온갖 차별을 겪으며 살아야 했지만 점차 자신들의 자리를 찾고 스스로 영향력을 확장해 나갔다.

무역과 경제 분야에서 유대인의 역할은 타의 추종을 불허했다. 베네치아를 중심으로 한 이탈리아에서도 마찬가지였다. 유대인 게토 지역에 방코(banco)가 처음 등장한 것도 이 시기였다. 스페인어로 방코는 의자를 의미한다. 오늘날 은행의 어원이기도 한 방코의 시작은 지금처럼 규모가 큰 사업은 아니었으므로 의자 하나만 있으면 누구나 도전해 볼 수 있었다. 베네치아의 유대인뿐만 아니라 스페인, 이탈리아, 네덜란드에 자리 잡은 유대인 대부분은 돈과 관련된 일에 종사했다.

이는 유망 직종이어서가 아니었다. 대다수가 가톨릭과 개신교인 유럽인은 종교적인 신념으로 돈 다루는 일을 기피했기 때문에 자연스럽게 이주민이었던 유대인이 그 자리를 채우게 된 것이다. 우연히 찾아든 기회였지만 유대인들은 경제 업무를 탁월하게 수행했다. 당시의 유럽인은 글쓰기나 숫자 다루기에 익숙하지 않았는데 어릴 때부터 읽기와 쓰기를 배워 온 유대인은 이 역할을 누구보다 잘했다. 유럽인이 꺼리던 일이었기에 맡아야 했던 업무가 외국인으로 억압받던 수많은 유대인에게는 그야말로 위기 속의 기회였다.

유대인의 초기 금융업은 개인 간 돈을 빌려주고 이자를 취하는 대부업이 주를 이루었다. 시간이 지나며 상거래가 활성화되고 유대인들은 베네치아의 상권 중심부에서 부를 축적하며 세력을 확장했다. 금융업은 개인 간의 거래를 넘어 도시와 도시, 국가 간의 무역으로 성장했다. 상거래의 규모가 커질수록 체계적인 기록과 관리가 필요했다. 개인적인 금전 출납이 아닌 재무제표 등 회계 장부를 작성하는 것이 중요했다. 유대인은 생존을 넘어 금융과 무역업에서 영향을 확장해 갔고 상상 이상의 부를 축적할 수 있었다.

윌리엄 셰익스피어의 《베니스의 상인》은 16세기 베네치아를 배경으로 한 작품이다. 작품에는 피도 눈물도 없는 사채업자 유대인인 샤일록이 등장한다. 유대인에 대한 부정적인 이미지를 갖게 만든 작품이지만 당시 베네치아에서 유대인의 영향력이 작지 않았음을 유추해 볼 수 있기도 하다. 역사학자들은 이후 베네치아가 유럽 경제의 중심지로 성장한 요인 중 하나를 유대인의 영향력으로 보는 데 의견을 같이한다.

읽고 쓸 줄 아는 것이 곧 생존 능력

세파르디 유대인 중 네덜란드로 이주해 자리 잡은 이들도 적지 않았다. 당시 네덜란드는 북해에서 청어잡이로 산업의 부흥기를 맞았다. 가톨릭에서는 1년 중 육류 요리를 금하는 날을 법으로 만들기까지 했는데 그 기간이 140일을 넘었다. 육류를 섭취할 수 없던 유럽인은 부족한 영양소를 생선으로 대신했고 그중 북해의 청어를 가장 선호했다. 유럽 전역으로 공급되던 청어의 대부분은 네덜란드를 통했는데 당시 네덜란드 인구 100만 명 중 30만 명이 청어잡이에 종사했다고 하니 그 규모를 짐작해 볼 수 있다.

사람들은 소금에 절인 말린 청어를 돈 고기(stock fish)라고 불렀다. 청어가 주변의 많은 국가로 인기리에 판매되었을 뿐 아니라 그 크기와 모양에 따라 곡식, 의류 등과 물물 교환을 할 수 있는 화폐의 역할까지 했기 때문이다. 청어잡이 산업은 유대인에게도 큰 기회였다. 먼

지역으로 청어를 수송하는 데 소금은 가장 중요한 재료였고 유대인에게 뛰어난 소금 가공 기술이 있었기 때문이다. 당시 대부분의 소금은 독일과 폴란드 지역에서 공급받던 암염이었는데 채굴 과정이 힘들어 가격이 매우 높았다.

그 틈새를 파고든 이들이 스페인에서 건너온 세파르디 유대인이었다. 자신들이 스페인에 머물던 시절의 인맥을 이용해 최고 품질의 바다 소금을 들여오기 시작했다. 인도 지역의 유대 공동체들과도 협력하며 저렴한 가격에 소금을 네덜란드에 공급하기 시작했다. 가격에서 네덜란드 기업과 경쟁 자체가 되지 않았다.

시간이 지나며 소금 공급권은 유대인의 독과점 체제로 자리 잡게 되었다. 소금 무역은 네덜란드에 자리 잡은 유대인이 부를 축적하는 통로가 되었고 이것을 계기로 유럽의 무역 경제에서 유대인의 영향력은 무시할 수 없는 중심 세력으로 자리 잡기 시작한다. 종교 재판과 추방의 아픔을 안고 척박한 네덜란드 땅을 찾은 유대인은 어려운 상황을 전화위복의 계기로 삼아 다시 그 영향력을 행사했다.

나라를 잃고 전 세계를 떠도는 상황에서 거주 지역의 상권을 호령할 수 있었던 저력은 유대 민족의 토대인 문해력과 글쓰기에서 나왔다. 홍익희 교수는 《유대인 이야기》에서 유대인은 문자를 읽고 쓰는 것이 익숙하지 않던 시대에 글을 읽고 쓰는 독보적인 민족이었음을 강조한다.

"중세 후기까지만 해도 대부분의 사람들은 글을 전혀 몰랐다. 이들을 위해 돈을 받고 관공서 문서 등을 읽어 주거나 대필해 주는 직업이 있었다. 주로 유대인들로 이들은 일반 백성들보다 많은 부와 권리를 누렸다. (중략) 이 시기 유대인들이 상업을 석권할 수 있었던 것은 바로 글을 읽고 쓸 줄 알았기 때문이다. 중세 유대 상인의 일상 업무 중에 가장 중요했던 것은 글쓰기였다."

유대인의 글쓰기는 종교 안에만 머물지 않았다. 종교적 유대인으로서 중시했던 읽고 쓰는 문화가 디아스포라 민족으로 살아가야 했던 유대인들에게 기회의 마중물이 될 줄은 그들도 미처 알지 못했을 것이다.

6

유대인은 어떻게
블루 오션으로 대이동했나?

무경쟁

김위찬 교수와 르네 마보안 교수는 2005년 《블루 오션 전략》을 출간했다. 이 책은 수많은 언어로 번역 출간되며 우리나라를 비롯해 세계에 블루 오션이라는 말을 유행시켰다. 블루 오션은 무경쟁 사회를 의미한다. 아직 존재하지 않거나 알려져 있지 않은 신세계다. 이 책은 성공을 위해서 경쟁에 뛰어들기보다 나만의 신세계, 블루 오션을 만들라고 강조한다. 발견되지 않는 세계를 찾거나 자신의 독창성을 창출할 수 있는 무대를 스스로 만들라는 것이다.

블루 오션의 반대말로 레드 오션이 있다. 레드 오션은 이미 알려져 경쟁이 치열한 시장이다. 경쟁자도 많고 같은 목표를 추구하는 이들로 인해서 생존마저 위협받는 세계다. 이런 레드 오션이 유대인에게는 2천 년의 역사 그 자체였다. 그들은 나라를 잃고 세계를 떠돌아야 했고 가는 곳마다 차별과 냉대를 받으며 살아야 했다. 생존 자체를 위협받았다.

그렇기에 15세기 스페인과 이탈리아, 네덜란드를 비롯한 유럽 전역에서 유대인이 보여 준 저력은 우연이 아니다. 살기 위해 발버둥쳐야 했던 이들이 레드 오션을 블루 오션으로 바꿔 가며 이룬 결과였다. 그리고 이것이 가능했던 이유는 유대인에게 위기를 기회로 바꿀 수 있는 역량이 준비되어 있었기 때문이다. 그 역량 중에서도 글을 읽고 쓰는 능력은 유대인의 탁월함의 정수라고 할 수 있다. 글을 다루는 기술은 생각을 다루는 역량과 같다. 이 역량이 그들에게 준비되어 있지 않았다면 그들이 맞이해야 했던 위기는 결코 오늘날 유대인이 영향력을 보여 줄 기회로 바뀌지 못했을 것이다.

반드시 필요하지만 소수만이 열심인 것

피터 드러커는 경제학자 이전에 글을 쓰는 작가다. 우리가 그를 접

하는 대부분의 통로도 그가 쓴 글을 통해서다. 그는 누구보다 글쓰기를 강조하곤 했다.

"대학에서는 학생들이 장래 회사의 사원이 되면 아주 가치 있는 한 가지를 가르치고 있는데 극소수의 학생들만이 그것을 배우기 위하여 열심이다. 그것은 다름 아닌 아주 기초적인 기술로써 어떤 아이디어를 정리하여 글로 쓰거나 말로 표현하는 능력이다."

글쓰기는 비단 회사 구성원으로서 역할을 수행하는 데만 도움이 되는 것은 아니다. 글쓰기에는 우리가 알고 있는 효과 그 이상의 힘이 있다. 글은 한 사람의 결과물로 영향력을 미치는 것을 넘어 쓰이는 과정에서 사고 역량이 자라도록 한다. 한 사람이 진보하며 목표에 다가가도록 돕는 일은 그 어떤 학습 방법과 공부 과정을 통해서도 얻기 어렵다.

많은 이가 유대인의 성취를 본받아 자신 또한 성공하려고 노력한다. 유대인의 토라와 탈무드, 독서법, 질문법, 하브루타에 관심을 갖는 이유도 이 때문이다. 그런데 안타까운 것은 대부분 성공적이지 못한 결과를 마주한다는 것이다. 이유는 간단하다. 핵심에서 비껴 간 노력에 시간을 빼앗기기 때문이다. 이는 유대인이 성공한 비결을 부분적으로 모양만 취한 것일 뿐이다. 그중에서도 글쓰기가 결여된다면 삶에 작은 변화는 가져올지언정 임계점을 넘어선 진보는 하지 못한다. 이 사실을 깨닫는 일이 무엇보다 중요하다.

7

말은 민족의 정신,
글은 민족의 생명

응집력

기원후 988년 현 러시아(당시 키예프)의 루시라는 지역에 전파된 기독교는 얼마 지나지 않아 러시아의 국교가 되었다. 오늘의 정교회다. 이후 1천 년 동안 정교회는 러시아의 민족 종교가 되었다. 과거 유럽의 많은 기독교 국가처럼 러시아에서도 유대인에 대한 편견이 심했다. 유대인은 소수 민족으로 고통의 세월을 지내야 했는데 가장 큰 아픔의 기억은 포그롬이다. 러시아어로 박해를 의미하는 포그롬은 20세기 초 제정 러시아 말부터 소련에 이르기까지 경찰이나 군중의 선동에 의하여 자행된 조직적 약탈과 학살이었다. 1918년 내전이 발발하자 반혁명군은 당국의 묵인하에 종교적, 인종적, 민족적 폭력을 거리낌없이 행했다. 피해자는 소련에 거주하는 소수 민족들이었는데 대부분이 유대인이었다.

그러던 1948년, 팔레스타인 땅에 이스라엘이 건국을 선포했다. 전 세계에 흩어져 있던 디아스포라 유대인이 하나둘 몰려들기 시작했다. 하지만 소련의 유대인만은 예외였다. 이스라엘의 독립과 건국 소식을 알지 못했기 때문이다. 정부는 유대인에게 이스라엘 건국 소식이 전해지는 것을 철저히 막았다. 소련의 유대인들에게 이스라엘 건국 소식이 전해진 것은 20년이 지난 1967년 '6일 전쟁'의 승리 이후다.

글의 힘은 얼마나 위대한가?

유대인들은 동요했다. 2천 년 가까이 전 세계를 떠돌던 모든 유대인의 염원이 이루어졌기 때문이다. 당시 소련에는 미국 다음으로 많은 유대인이 살고 있었다. 본국으로 돌아가려는 움직임이 이곳저곳에서 일기 시작했다. 소련은 유대인의 이러한 움직임을 조직적으로 방해했다.

당시 소련 유대인의 이스라엘 귀환의 꿈을 더욱 자극한 것은 유대계 미국인 레온 유리스가 쓴 《엑소더스(영광의 탈출)》였다. 1958년 발간된 이 소설은 이스라엘의 건국 과정을 배경으로 유대인 장교와 미국인 간호사의 사랑, 건국을 위한 투쟁을 그렸다. 소련 정부는 이 책을 불온서적으로 정해서 읽는 것은 물론 소유하는 것 또한 범죄 행위로 규정했다. 소련 내 유대인은 비밀리에 이 책을 돌려 봤다. 정부의 방해가 심해지면 심해질수록 소련 땅을 탈출해 이스라엘 땅에서 살아가겠다는 유대인의 꿈은 커져만 갔다.

그들은 꿈을 현실로 이루기 위해 곧 전국적으로 비밀리에 소모임을 결성하기 시작했다. 히브리어를 공부하려는 움직임이 퍼졌고 잊혀진 유대 역사와 문화에 대한 연구 모임도 활발하게 진행되었다. 정치적인 노력도 진행되었다. 1969년부터는 이스라엘로 이주하려는 자신들의 의지를 국가에 주장하기 시작했다. 공산 정권은 법을 개정하면서까지 팔레스타인 땅으로 귀환하려는 유대인을 집요하게 방해했다. 엄청난 금액의 이민세를 내야만 이주가 가능하도록 한 것이다. 이러한 방해 때문에 본국으로 이주한 유대인은 극소수였다.

암 이스라엘 카이(Am Yisrael Chai)

다른 지역의 디아스포라 유대인에게도 이 소식이 전해지기 시작했다. 미국 유대인을 중심으로 소련 거주 유대인의 이민권 보장을 지지하는 운동이 확산되었다.

"암 이스라엘 카이(Am Yisrael Chai, 이스라엘이어 영원하라)!"
"내 백성들을 보내시오!"(출애굽기 7:16)

모세가 바로 왕에게 한 외침을 구소련의 공산 정부에 외치기 시작했다. 미국의 유대인은 인맥을 동원해 국가 차원의 대소련 외교전에 로비를 행사하기 시작했다. 미국 정치 경제계는 유대인의 강한 영향력 아래에 있었기에 이들의 노력은 결실을 맺기 시작한다.

1980년대 초 소련에 처음 예시바의 설립이 허락되었다. 1987년 고르바초프의 개혁이 시작되고 1989년 소련의 철의 장막이 무너지면서부터 소련에 거주하던 유대인의 이스라엘 귀환은 절정에 다다른다. 엄청난 이민 희망자들이 몰려들었다. 이스라엘 정부는 적극적으로 이들의 귀환을 도왔다. 늘어나는 귀국민 수를 이스라엘 정부의 힘만으로는 감당할 수 없었다. 이후 민간 유대인, 기독교 단체들도 인적, 물적 협력에 나서며 유대인들의 본국 귀환을 도왔다. 이렇게 이스라엘로 귀국한 구소련계 유대인은 100만 명에 이르고 그들 중 95퍼센트 이상이 현재까지 이스라엘에 정착해 살아가고 있다.

이스라엘의 보수 정당인 이스라엘 베니테이누당은 옛 소련의 붕괴 뒤 이민 온 100만 명 이상의 러시아계 유대인 이민자를 중심으로 구성된 당이다. '이스라엘은 우리의 집'이라는 의미를 가진 이 당은 소련계 유대인의 이익을 도모하는 동시에 시온주의와 민족주의를 부르며 지금도 이스라엘의 온전한 회복을 위해 힘쓰고 있다. 2019년 당시 전체 국회 의석 중 5석을 차지하는 등 영향력도 넓혀 가고 있다.

이는 구소련 유대인만의 일은 아니었다. 1948년 이스라엘의 건국을 전후로 수많은 유대인이 팔레스타인 땅으로 몰려들었다. 나라가 독립을 선포하기 이전인 1929년부터 팔레스타인 땅에 유대인이 자리 잡았다. 이후 1960년에 이르기까지 30년 동안 100만 명 이상의 디아스포라 유대인이 유럽과 서아시아, 아프리카로부터 이스라엘로 돌아와 정착했다. 디아스포라 엑소더스를 위해 만든 이스라엘 민영 항공사 엘알(EL AL)의 비행기를 타고 돌아오는 유대인들은 가나안 회복의 꿈을 키워 갔다. 히브리어로 '하늘로'를 뜻하는 엘알의 비행기 수천 대에 몸을 싣고 돌아온 유대인들은 2700년 전 선지자 이사야의 예언이 성취되었다며 기뻐했다.

"네 눈을 들어 사면을 보라. 무리가 다 모여 네게로 오느니라. 네 아들들은 원방에서 오겠고, 네 딸들은 안겨 올 것이라. 저 구름같이, 비둘기가 그 보금자리로 날아오는 것 같이 날아오는 자들이 누구뇨."

(이사야 60:4-8)

8

히브리대학교의
1년 수익 20억 달러

선순환

　오랜 기간 디아스포라로 유랑하던 유대 민족은 기뻐했다. 기원후 135년 로마에 의해 팔레스타인 땅에서 쫓겨난 지 1813년이 지나서야 이스라엘로 모여든 유대인은 2천 년간 꿈에 그리던 이스라엘의 회복에 장밋빛 희망을 꿈꿨다. 그러나 현실이 꿈꾸던 세상만은 아니었다. 1000년 이상 지키며 살던 땅을 빼앗긴 팔레스타인 사람이 손 놓고 있지만은 않았다. 레바논, 요르단, 시리아, 이집트 등이 이에 동조해 유대인은 수십 년 동안 이웃 아랍 국가들과의 전쟁을 겪었다. 이웃 나라와의 정치 상황만 암담한 것은 아니었다. 성경에서 약속한 가나안 땅은 젖과 꿀이 흐르는 땅이었으나 현실은 그렇지 않았다. 국토의 대부분이 산천초목도 물도 없는 황량한 사막 지대였다. 이곳의 1년 강수량은 한국의 40분의 1 정도다.

유대인은 그런 땅에서 새로운 이스라엘을 디자인했다. 땅을 개간하고 저수지를 만들었다. 사막 지대에 걸맞은 농법을 개발하고 기구 발명에 힘을 쏟았다. 예를 들어 스프링클러 방식의 물 주기보다 물 이용 효율이 높은 방울 물 주기 시스템도 이 과정에서 개발되었다. 물 낭비를 막고 물 한 방울씩 작물의 뿌리로 직접 스며들게 하는 방식이다. 척박한 환경을 극복하기 위한 이런 노력은 이스라엘의 농업 경쟁력이 되었다. 유대인의 꿈과 도전은 사막 한가운데 젖과 꿀이 흐르는 가나안 같은 이스라엘을 세워 가는 놀라운 기적을 만들고 있다.

이스라엘을 책임지는 유대인의 두뇌

유대인의 도전은 농업 분야에만 국한되지 않았다. 이스라엘의 대표 대학인 히브리대학교는 1964년 기술 지주 회사 이숨(Yissum)을 설립한다. 회사 이름은 히브리어로 실행을 의미한다. 기술 지주 회사는 핵심 역량으로 원천 기술을 개발하고 보급하여 특허권을 통한 로열

티로 수익을 창출하는 기업이다. 미국 퀄컴이 그 대표적인 기술 지주 회사다. 휴대폰을 직접 만들거나 판매하지 않지만 삼성과 LG 등 계약된 회사의 휴대폰에 쓰이는 특정 기술의 특허권으로 로열티를 받는다.

이숨도 연구와 개발에 많은 재정을 투입했다. 투자의 결과는 놀라운 수익 창출로 이어졌다. 이숨은 설립 이후 지난 55년간 1만여 건의 특허를 등록했으며 매년 2조 달러 이상의 운영 수익을 내고 있다. 그 동안 180여 개의 회사가 설립되었고 독립해 나갔다. 이숨이 연구 개발한 결과는 농업에서 인공 지능에 이르기까지 다양했다. 전 세계인이 즐겨 먹는 방울토마토도 이숨의 연구실에서 창조된 작품이다. 히브리대학교 교수 출신인 하임 라비노비치가 세운 자회사에서 개발에 성공했다.

인텔과도 큰 계약을 이끌어 냈다. 암논 샤슈아가 이숨의 지원을 받아서 만든 충돌 방지 및 완화 기능이 탑재된 운전자 보조 자율 시스템 모빌아이(Mobileye)는 인텔이 153억 달러 이상을 주고 인수했다.

히브리대학의 연구 개발은 여기에 만족하지 않는다. 발생한 수익을 새로운 연구 개발에 재투자하며 미래를 이끌어 갈 신기술 개발에 박차를 가하고 있다. 수익과 개발되는 기술은 히브리대학에 재학 중인 학생들을 위한 재정과 콘텐츠로 활용되는 것은 말할 나위도 없다.

이 모든 것이 한 대학을 중심으로 일어난 일이다. 놀라운 것은 이숩은 창업 국가 이스라엘의 업적 중 한 가지 예에 지나지 않는다는 것이다. 유대인은 어떤 환경에서도 준비된 학습 역량을 활용하여 문제를 해결해 나갔다. 누구나 기대할 수 있는 환경에서 얻은 성취가 아닌 최악의 상황에서 선순환의 고리를 창조하고 있기에 세계는 이스라엘을 주목하고 있다.

9

책의 민족에게 글쓰기는
생활이다

응용과 실행

역사 속 유대인의 약진, 창업 국가 이스라엘의 도약과 성취를 가능하게 한 요인은 무엇일까? 바로 유대인의 생활 깊숙이 자리 잡은 글쓰기 문화다. 글쓰기 없이는 이 모든 일이 불가능하다. 유대인에게는 이미 유명하고 잘 알려진 다른 강력한 성취의 도구들이 있었다. 다만 그 모든 도구도 글쓰기 없이는 세상에서 빛을 볼 수 없었다.

블루 오션 전략은 학습과 연구 개발을 거쳐 새로운 세계를 발견하고 확장하는 방법이다. 학습이 누군가의 연구 결과를 받아들이는 것이라면 연구 개발은 배움을 기초로 새로운 영역을 개척해 가는 것이다. 연구 개발을 위해서는 관련 분야의 수많은 논문을 읽고 정리하는 과정이 필요하다. 그리고 정리된 지식을 바탕으로 수많은 실험 과정을 거쳐야 한다. 이렇게 연구한 결과는 수많은 논문으로 쓰이고 현장에서 활용하기 위해 다양한 시도로 이어진다. 히브리대학교 연구소 이숨의 이름 뜻처럼 글쓰기 또한 응용과 실행을 위한 것이다.

글쓰기가 없는 연구 개발은 있을 수 없다. 지식과 정보를 수용하고 논리적으로 종합하는 데 글쓰기는 필수다. 글쓰기는 이론의 오류와 누락을 확인하고 수정해 가며 새로운 분야를 개척할 수 있는 탁월한 도구다. 사회 과학, 인문 과학에서만이 아니라 이공계의 영역에서도 글쓰기는 새로운 세계를 창조해 가는 강력한 도구였다.

오랜 기간 디아스포라로 살던 유대인이 팔레스타인 땅에 새로운 나라를 건설한 것은 축적된 지식과 영향력 없이는 불가능했다. 이스라엘을 창업 국가로 부르는 저변에 유대인이 글쓰기 문화를 바탕으로 준비한 역량이 있다는 점을 간과해서는 안 된다.

당연하면 강조하지 않아도 안다

유대인에게 글쓰기는 단순한 학습 과정이 아니다. 세상의 지식과 정보를 정리해 공유하는 것 이상의 의미를 지닌다. 그들은 글 쓰는 일을 티쿤올람의 실천으로 여긴다. 티쿤올람은 히브리어로 '세상을 좋은 곳으로 바꾼다'는 뜻이다. 유대인은 자신의 창조적인 생각을 남기는 행위를 마땅히 해야 할 의무로 여긴다.

이스라엘 글로벌 엑설런스의 헤츠키 아리엘리 회장은 글쓰기에 대해 이렇게 말했다.

"책은 우리 모두에 의해 쓰인 것을 말한다. 글을 쓴다는 것은 단순히 책을 쓰는 작업에 국한된 것이 아니라 기술을 창조해 내고 혁신을 이루어 내며 음악이나 예술을 창작해 내는 것일 수도 있다. 그러나 유대인 가족의 문화에서 글쓰기는 한 단계 더 나아간 개념이다. 그것은 수동적으로 받기만 하는 것이 아니라 미래를 위해 자기의 단락에 기록을 남기며 나누기 위한 창조 행위다."

2006년 네덜란드를 방문했을 때 이준 열사 기념관의 이기황 회장을 인터뷰한 적이 있다. 인터뷰 중간 그는 나에게 더치페이에 대해 알고 있는지 질문을 던졌다. 나는 "자신이 감당해야 할 재정을 책임지는 것"이라고 답했다. 그는 내 말도 맞기는 하나 정확하지는 않다며 네덜란드의 더치페이 정신에 대해 이야기해 주었다.

"더치페이 정신은 네덜란드의 대표 정신으로 '나와 남의 경제 인격을 동등하게 인정하는 젠틀맨십'이다. 경제적 부담을 한 사람에게 지우는 것은 상대방이 자신의 경제 인격을 침해하는 것으로 본다. 이것은 식당에서 함께 밥을 먹고 나누어 지불하는 차원에 머물지 않는다. 예를 들어 지구 반대편에서 지진과 쓰나미 등의 자연재해나 큰 재난으로 고통받는 이들을 돕는 것은 인간의 당연한 의무로 보았다. 그때 도움의 손길을 국가나 기업, 기관의 일로만 넘기지 않는다. 단돈 1유로라도 국민 개개인이 참여한다. 국민의 모금 참여 비율에서만큼은 네덜란드가 세계 제일이다. 어려운 사람을 돕는 일에서도 자신이 감당해야 할 몫이 있다고 보는 것, 그래서 그 짐을 나누어 자신의 몫을 감당하는 것이 바로 네덜란드의 젠틀맨십, 더치페이 정신이다. 네덜란드를 배운다는 것은 네덜란드인의 정신을 배우는 데 있다."

이런 차원에서 유대인의 글쓰기는 티쿤올람이며 더치페이다. 마땅히 순종해야 할 신의 명령이며 자신이 감당해야 할 몫이다. 글쓰기는 유대인에게 자연스럽고 당연한 일이다. 또한 이것을 도구로 다른 이들에게 영향력을 전파하는 것을 마땅히 해야 할 일로 여긴다. 그리고 이 모든 과정을 개인을 위한 학습으로만 생각하지 않는다. 세상을 좀 더 아름답게 만드는 티쿤올람의 실천, 신의 명령에 순종하는 것으로 받아들인다. 글로 나의 유산을 남기는 것은 어느 특정 개인이나 국가의 역할이 아니다. 모든 유대인의 감당할 몫, 더치페이에 해당한다.
이것이 유대인의 힘, 역량의 기초가 되었다.

10

유대인은 글을 쓰고
글쓰기는 유대인을 만든다

마중물

유대인 중에는 문맹이 없다. 책의 민족, 쓰기의 민족이기 때문이다. 유대인은 어느 민족보다 글과 쓰기, 책과 언론의 힘을 알기에 가는 곳마다 학교와 출판사, 신문사를 설립했다. 또한 대표적인 언론사를 사들이며 전 세계 언론계의 블루칩이 되었다.

파울 율리우스 로이터는 독일 태생 유대인으로 영국에 귀화한 통신 사업가다. 그는 로스차일드 가문의 지원으로 1851년 정보 제공 기업 로이터 통신을 설립했다. 처음에는 영국의 사업 정보만 취급하다가 몇 년 후 해외 뉴스까지 취급하며 세계적인 통신사로 성장했다. AP 통신사, UPI 통신사, AFP 통신사의 사주도 모두 유대인이다. 통신사만이 아니다. 〈뉴욕타임스〉 같은 유명 신문사, NBC, ABC 같은 유명 방송국도 유대인의 소유다.

이렇듯 세계적인 통신사들은 모두 유대인이 차지했다. 그 비밀은 그들에게 논리적으로 글을 쓰고 말하는 표현의 능력과 언론의 힘을 중요하게 여긴 문화에 있다.

목표를 향해 글쓰기로 사다리를 놓아라

내가 목표하는 성공은 무엇인가?
그 목표를 위해 나는 지금 무엇을 준비하고 있는가?

인생의 기회는 언제 어디에서 찾아올지 알 수 없다. 사람마다 때는 다르지만 그 방향이 올바르고 목표를 위해 준비하고 있다면 기회는 언제고 찾아올 수 있다. 중요한 것은 목표를 위한 배움에 자신이 생각하는 것 이상의 노력이 요구된다는 사실이다. 많은 이가 목표는 세우지만 대가는 지불하려 하지 않는다. 비전을 성취하기 위해 요구되는 공부에 충분한 노력을 기울이지 않는다. 목표를 향한 사다리로써의 공부는 평범해서는 안 된다. 임계점을 넘어서야 한다. 누구나 하는 정도의 배움은 인생의 기회로 작용되지 않는다.

우리가 유대인에게 던지는 수많은 질문은 보이는 결과가 아닌 과정이어야 한다. 유대인의 성취를 가져온 임계점을 넘어선 준비 과정을 알고 나의 삶에 적용하는 지혜가 필요하다. 그중에서도 유대인의 임계점을 넘어선 글쓰기를 내 것으로 만들어야 한다. 유대인의 창의적인 사고력과 세계적인 성취의 배경이 된 글쓰기, 그것을 가능하게 만든 유대인의 성공 요소들을 살펴보는 일이 필요하다.

도전은 동기만 있어도 할 수 있지만 성취를 위해서는 과정 설계가 필요하다. 먼저 구조를 만들고 꿈을 향해 나아가야 한다. 꿈과 희망이 있다면 '어디서, 무엇을, 어떻게'에 대한 계획이 있어야 한다. 구체적이면 구체적일수록 좋다. 계획한다고 그대로 되는 것은 아니지만 계획 없이는 아무것도 할 수 없다는 사실을 아는 것 또한 지혜다.

유대인의 성공을 배우기 위해 수많은 이가 이스라엘로 달려가고 있다. 개인과 교육 기관, 기업 할 것 없이 모두가 유대 문화를 연구하고 있다. 여기에서 우리가 기억해야 하는 점은 어느 한 가지 교육 방법을 취한다고 모방할 수 있는 성취가 아니라는 사실이다. 유대인의 성공을 당신도 누리길 원한다면 말하지 않아도, 강조하지 않아도, 때로는 노력하지 않아도 생각하며 살아갈 수밖에 없는 환경을 만들어야 한다. 그 첫 번째로 글쓰기부터 시작해 보라. 글쓰기를 방해하는 요인을 하나둘 찾아 제거하라. 그리고 글쓰기를 시작하라. 유대인들에게 그러했듯, 사람들이 바라고 원하는 성공의 문을 여는 열쇠가 글쓰기의 알고리즘에 숨어 있음을 발견하게 될 것이다.

11

글쓰기를 내 인생의
트리거로 만들어라

인생의 임계점

사람들이 글쓰기를 힘들어하고 잘 하지 않는 것은 쓰기 자체가 힘들기 때문만은 아니다. 글을 쓰자마자 당장 그 결과를 확인하기 힘들다는 이유가 크다. 박사 논문을 쓰는 경우 목표와 결과를 기다려야할 이유가 분명하다. 책을 저술하는 작가들도 마찬가지다. 집필 과정은 힘들지만 글을 쓰는 이유가 명확하기에 어려움을 참아 내며 글쓰기를 지속한다.

트리거(trigger)란, 총알을 발사하는 총의 장치를 말한다. 한마디로 기폭제다. 어떤 행동의 빌미, 사건의 원인과 계기를 트리거라고 표현하곤 한다. 인생의 변화를 이루기 위해서는 이 트리거가 필요하다. 나만의 트리거는 사람이 될 수도, 어떤 사건이 될 수도 있다. 실패의 경험이 될 수도, 작은 성공 경험일 수도 있다.

내 인생의 트리거 중 하나는 글쓰기다. 글쓰기는 나를 알아 가는 도구이며 세상과 소통하는 창구다. 글쓰기가 단순히 글을 쓰는 행위에 그치지 않음을 알기에 시간과 열정을 투자한다. 유대인이 글을 쓰고 읽는 행위를 축복으로 여기듯 나에게도 글쓰기는 그러하다.

유대인은 글을 읽고 쓰는 과정을 통해 인생의 다방면에서 성취가 가능하다고 보았다. 이는 종교적 차원의 이야기만이 아니라 삶의 이야기다. 유대인들은 디아스포라 민족으로 살아갈 때에도 글을 배우고 익히기를 멈추지 않았다. 그들이 어디에서든 읽고 쓰는 유대 문화를 정착시키며 유산으로 이어온 것도 이미 2천 년 전부터 그 비밀을 깨달았기 때문이다. 그래서 유대인은 글쓰기를 해도 되고 안 해도 되는 선택의 영역으로 두지 않았다.

유대인의 글쓰기에 주목하라

유대인의 성공은 대가 없이 주어진 결과가 아니다. 또한 유대인의 글쓰기는 현재 진행형이다. 그리고 글쓰기 시스템을 국가와 공동체가 지원한다. 글을 읽고, 토론하고, 자신의 견해를 글로 기록하는 것을 최고의 가치로 여긴 유대 민족의 세계적인 성취는 어쩌면 당연한 결과일지 모른다.

우리의 현실은 다소 다르다. 읽고 쓰기에 좋은 환경이 아니다. 학생은 학생대로 바쁘다. 사회인은 먹고사는 일도 벅차다. 시간이 허락하지 않는다. 학교와 사회 시스템은 우리에게 글쓰기를 요구하지 않는다. 오늘날 우리는 글쓰기를 잃어버린 채 살아가고 있다. 대한민국을 넘어 세계인을 상대로 경쟁해야 하는 우리에게 글쓰기의 결여는 재앙이나 다름없다.

하지만 불행한 듯 보이는 오늘을 다른 관점으로 본다면 상황은 달라진다. 아직 많은 이에게 글과 읽기, 글과 쓰기는 익숙한 문화가 아니다. 임계점을 넘어선 읽기와 글쓰기를 누려 본 사람이 많지 않다. 그만큼 주어질 기회도 많은 법이다. 글쓰기는 우리 사회에 얼마 남지 않은 블루 오션이다. 글쓰기 분야 자체로도 블루 오션이지만 글쓰기가 마중물이 되어 더 많은 이에게 선한 영향력을 미칠 기회를 얻을 수도 있다.

글쓰기로 당신의 미래를 새롭게 디자인하라. 그러기 위해 유대인의 글쓰기를 주목하라. 유대인의 성취에서 글쓰기가 미친 영향력을 기억하라. 글쓰기를 실천하기로 결정하는 순간 이전에 없던 가능성이 당신 앞에 펼쳐질 것이다.

12

유대인의 정신은
이 한 권에서 출발한다

타나크

유대인의 글쓰기를 이야기할 때 제일 먼저 만나게 되는 것이 유대 경전 타나크다. 타나크는 종교적 의미의 경전을 넘어서는 책이다. 타나크에는 유대 민족의 생사화복과 희로애락이 고스란히 기록되어 있다. 곧 유대인 역사의 기록이요, 민족의 뿌리다. 실제 유대인이 지향하는 삶의 목적과 이유를 대표한다. 타나크는 크게 세 부분으로 나뉜 24권의 책으로 구성되어 있다. 율법서 토라, 예언서 네비임, 성문서 케투빔이다. 그중 율법서인 토라는 다섯 권으로 구성된 경전으로 유대인이 가장 중요하게 여기는 최고의 경전이다.

율법서 토라의 네 번째 책 민수기(바미드바르)에는 이스라엘의 조상인 고라 가문의 반역과 멸망이 기록되어 있다. 고라는 이스라엘의 지도자 모세의 사촌이며 종교인 가문에 속했는데 족장 250여 명을 규합해 반란을 일으켰다. 모세가 다른 가문을 제쳐 두고 아론의 후손 가운데서 제사장을 세운 것을 시기해서였다. 하지만 반란은 실패로 끝나고 동참한 모든 이는 몰살당한다. 성경은 그때의 사건을 이렇게 기록한다.

"땅이 그 입을 벌려 고라와 함께 그들도 삼켰다. 그 무리가 죽을 때 불이 사람 250명을 살랐는데, 그들은 본보기가 되었다."

경전 민수기에서는 그 죽음의 순간에 고라의 세 아들 앗실, 엘가나, 에비아삽은 살아남았다고 전한다. 아버지의 반란에 동참하지 않았기 때문이다. 그들은 이후 성전을 지키는 자, 찬송하는 자, 빵을 굽는 성전 요리사로서 이스라엘 민족으로 살아간다. (대상 9:31)

히브리어로 '찬양의 책들'인 유대 경전 시편테(힐림)에는 이스라엘 민족의 시 150편이 기록되어 있다. 그중에는 고라의 자손들이 지은 시도 10편이 포함되어 있다. 시편 88편이 그중 하나다.

"아, 나는 고난에 휩싸이고,

내 목숨은 스올의 문턱에 다다랐습니다.

나는 무덤으로 내려가는 사람과 다름이 없으며,

기력을 다 잃은 사람과 같이 되었습니다.

이 몸은 또한 죽은 자들 가운데 버림을 받아서,

무덤에 누워 있는 살해된 자와 같습니다.

나는 주님의 기억에서 사라진 자와 같으며,

주님의 손에서 끊어진 자와도 같습니다.

주님께서는 나를 구덩이의 밑바닥,

칠흙같이 어두운 곳에 던져 버리셨습니다.

주님은 주님의 진노로 나를 짓눌렀으며,

주님의 파도로 나를 압도하셨습니다.

주님께서는 나의 가까운 친구들마저 내게서 멀리 떠나가게 하시고,

나를 그들 보기에 역겨운 것이 되게 하시니,

나는 갇혀서, 빠져나갈 수 없는 몸이 되었습니다.

고통으로 나는 눈마저 흐려졌습니다.

무서움이 날마다 홍수처럼 나를 에워쌌으며,

사방에서 나를 둘러쌌습니다.

주님께서 내 사랑하는 사람들과 이웃을 내게서 떼어 놓으셨으니,
오직 어둠만이 나의 친구입니다."

고라의 자손은 민족의 반역자 가문이라는 불명예를 안고 살아가
야 했다. 죽음은 피했지만 그들이 겪었을 어려움을 상상하는 일은 그
리 어렵지 않다. 인권이 강조되는 오늘날에도 선입견과 편견에 고통
받는 이가 많은데 그때는 오죽했겠는가? 그들은 고통스러운 가운데
신을 향해 부르짖는다. 형식이 노래일 뿐 들려오는 것은 고라 자손의
처절한 외침이다.

"여호와 내 구원의 하나님이여
내가 주야로 주 앞에서 부르짖었사오니
나의 기도가 주 앞에 이르게 하시며
나의 부르짖음에 주의 귀를 기울여 주소서!"

하소연이란 억울한 일이나 잘못된 일, 딱한 사정을 누군가에게 표
현하는 것이다. 고라 자손은 그들의 신에게 하소연한다. 그렇게라도
자신들의 속마음을 표현하지 않는다면 살아갈 수 없는 고통의 세월
이 그들 앞에 펼쳐져 있기 때문이었다.

유대인의 후츠파 정신

이처럼 유대인의 수많은 글은 자신의 감정을 솔직히 토로하는 형식을 취한다. 유대인의 정신을 강조할 때 그들의 뻔뻔함과 당돌함을 의미하는 히브리어 후츠파(chutzpah)를 강조하곤 한다. 유대인은 직장 상사에게나, 군대의 상관에게도 솔직하게 의견을 제시하는 것으로 유명하다. 학교 수업 시간에도 마찬가지다. 교사와 교수에게 당돌하게 질문을 던지는 모습은 유대인을 대표하는 이미지 가운데 하나다. 그들은 논리 싸움에 능할 만큼 토론이 일상이다.

유대인 조상들의 한탄이 가득한 시를 보고 있자면 현대를 살아가는 유대인의 후츠파 정신은 그들의 선조들로부터 물려받은 기질인 듯하다. 고통 속에 있다면 신 앞에서는 솔직함을 잃지 않는다. 그들의 한탄이 담긴 시를 읽으면 이스라엘 민족의 당돌함과 뻔뻔함의 후츠파 정신이 함께 전해져 온다.

2017년 말, 국내를 비롯해 전 세계에 할리우드 영화 〈원더우먼〉이 개봉했다. 여주인공은 이스라엘 태생의 유대인 갈 가도트였다. 18살에 미스 이스라엘에 뽑히고 이듬해 미스 유니버스 대회에 출전하기도 한 그녀는 20살이 되던 해에 이스라엘 군대에 입대했다. 2년간 전투 훈련 조교로 활동했고 복무 기간 중 이스라엘 레바논 전쟁을 경험

하기도 했다. 연예 활동 중에도 자신이 유대인임을 공공연하게 드러
낸 그녀는 2014년 이스라엘군이 팔레스타인 가자 지구를 폭격했을
당시 자신의 페이스북에 이스라엘 군을 응원하는 메시지를 올렸다.

"겁쟁이처럼 여성과 아이 뒤에 숨어 끔찍한 짓을 하는 하마스(팔레스
타인 무장 단체)에 맞서 조국을 지키려고 목숨을 내건 모든 소년과 소녀,
이스라엘 시민들에게 사랑과 기도를 보낸다."

종교적으로 민감한 사안이었다. 배우의 삶을 살아가는 그녀가 그
런 상황을 모를 리 없었다. 그를 지지하는 이들도 있었으나 많은 이
가 그녀의 발언을 비판했다. 이런 배우가 출연한 영화를 이슬람 국가
에서 반가워할 리 없었다. 레바논 정부는 〈원더우먼〉의 극장 동시 개
봉을 불과 2시간 앞두고 상영을 금지시켰다. 연이어 튀니지, 알제리
등에서 상영이 금지되었고 여러 이슬람 국가에서 SNS를 통한 영화
상영 반대 운동이 벌어지기도 했다.

이 이야기를 한 이유는 갈 가도트의 정치적 입장의 옳고 그름을 논
하고자 함이 아니다. 우리는 유대인들의 초깃값을 이해할 필요가 있
다. 유대인은 지나칠 정도로 솔직하고 자신의 의견을 표현하는 데 주
저하지 않는다. 어린 시절부터 자신의 주장을 자유롭게 표현할 기회
가 많았고 논리적 변증을 즐기고 권장하는 사회에서 자랐기 때문이

다. 그래서인지 유대인은 질문과 토론에 능하다. 다른 종교와는 달리 종교적인 전도 활동은 하지 않지만 유대교 신앙에 의문을 제기하는 이들과의 논리 대결은 피하지 않는다. 이 모든 것이 후츠파 정신으로 정리된다.

13

시 쓰는 왕,
다윗

희로애락

유대 경전 시편(테힐림)은 시 150편으로 구성되어 있다. 그중 가장 긴 73편은 이스라엘의 2대 왕 다윗이 지은 시다. 성경은 그를 일컬어 "여호와 하나님의 마음에 맞는 사람"이라고 소개한다. 더 이상의 극찬이 필요없는 표현이다. 일개 양치기였던 다윗은 이웃 나라의 장수 골리앗을 죽인 뒤 이스라엘 왕의 자리에 오른다. 영화 같은 인생이지만 결코 평탄하지 않았다.

그는 신실한 유대 신앙을 가졌지만 부하의 아내를 자신의 아내로

취하는 죄를 저지른다. 그리고 그 부하를 죽음의 전쟁터로 몰아넣어 죽게 만드는 살인까지 계획한다. 유대 경전은 이 죄로 인해 그가 받아야 했던 고난을 이야기한다. 다윗은 자식 복이 없었다. 자녀들은 왕위 쟁탈전을 벌였고 형제끼리 죽이는 일까지 벌어진다. 셋째 아들 압살롬은 아버지 다윗의 자리인 왕권에까지 도전한다. 부자지간에 쫓고 쫓기는 일이 반복되었다. 결국 압살롬은 아버지 다윗의 심복인 요압 장군에 손에 비참한 죽음을 맞이한다.

40년 동안 다윗 왕국은 번창했지만 그는 오랜 기간 시기와 질투의 대상이었다. 목숨의 위협을 받으며 타국을 떠돌았다. 살아남기 위해 다른 나라 왕 앞에서 침을 흘리며 미친 사람처럼 연기도 해야 했다. 이런 고통스러운 상황을 그는 시로 고백한다.

"내가 찬양하는 하나님이여 잠잠하지 마옵소서.

그들이 악한 입과 거짓된 입을 열어 나를 치며 속이는 혀로 내게 말하며

또 미워하는 말로 나를 두르고 까닭 없이 나를 공격하였음이니다.

나는 사랑하나 그들은 도리어 나를 대적하니 나는 기도할 뿐이라.

그들이 악으로 나의 선을 갚으며 미워함으로 나의 사랑을 갚았사오니

악인이 그를 다스리게 하시며 사탄이 그의 오른쪽에 서게 하소서.

그가 심판을 받을 때 죄인이 되어 나오게 하시며 그의 기도가 죄로 변하게 하시며

그의 연수를 짧게 하시며 그의 직분을 타인이 빼앗게 하시며

그의 자녀는 고아가 되고 그의 아내는 과부가 되며

그의 자녀들은 유리하며 구걸하고 그들의 황폐한 집을 떠나 빌어 먹게 하소서.

고리대금 하는 자가 그의 소유를 다 빼앗게 하시며

그가 수고한 것을 낯선 사람이 탈취하게 하시며

그에게 인애를 베풀 자가 없게 하시며 그의 고아에게 은혜를 베풀 자도 없게 하시며

그의 자손이 끊어지게 하시며 후대에 그들의 이름이 지워지게 하소서.

여호와는 그의 조상들의 죄악을 기억하시며 그의 어머니의 죄를 지워 버리지 마시고

그 죄악을 항상 여호와 앞에 있게 하사 그들의 기억을 땅에서 끊으소서!"

다윗의 시는 흡사 악담의 수준이다. 격한 감정이 그대로 드러난다. 그런데 이 시뿐만이 아니라 유대 경전을 보면 이러한 고백이 가득하

다. 신에 대한 경외심만큼은 어느 민족과 종교보다 더한 이들이 유대인이다. 그들은 신 앞에서의 가식을 죄로 여겼기 때문에 자신의 속마음까지 신에게 털어놓았으며 신을 향한 불평과 불만, 원수를 향한 악담조차 신에게 고하는 것이 자연스러웠다. 때로는 자신이 당해야 했던 아픔과 슬픔만 한탄하기도 했다. 그들은 있는 그대로 표현했다.

고라 자손의 시와 다윗의 시를 통해 우리는 신 앞에 솔직한 유대인의 조상들을 마주한다. 이처럼 유대인은 자기의 본모습을 드러내기를 두려워하지 않았다. 오늘날 유대인의 창의성의 뿌리는 이러한 고백적인 태도에 맞닿아 있다. 다윗의 글에 담긴 솔직함을 통해 살아있는 글의 진면목을 확인하게 된다.

다윗이 위대한 왕으로 기억되는 것은 모든 면에서 탁월하고 훌륭했기 때문만은 아닌 듯하다. 그는 자신의 부족하고 연약한 모습, 약점을 알고 인정하는 존재였다. 그곳에서 신의 음성에 귀 기울이며 백성을 위한 정책을 펼쳤다. 왕이면서도 나약하고 분노하기도 했지만 이스라엘의 평화를 위해 노력했다. 일상에서 더 나은 변화를 추구했던 다윗의 이러한 모습이 있었기에 유대인들에게는 물론이고 역사 속 위인으로 기억된 것이 분명하다.

14

내가 쓴 글이
현실이 될 것이다

믿음과 긍정

　유대인은 험난한 세월을 보냈다. 유대인이라는 이유만으로 고난을
당해야 했던 기나긴 고통의 역사는 우리에게 기록으로 전해진다. 그
리고 유대인 공동체에 자리 잡은 글쓰기 문화는 그 아픔을 참고 이겨
내는 데 큰 힘이 되었다.

　유대인 조상들의 기록은 고난을 승화한 노래였다. 기쁨도 기대와
소망도 글로 표현했다. 고난의 시기에 자신들의 신 여호와가 고통에
서 구원해 줄 것을 간구하며 믿었다. 상황이 쉽게 바뀌지는 않았지만

긍정적으로 쓴 글을 모두와 나눴다. 희망의 바이러스는 글을 타고 민족 가운데로 번져 갔다. 고통의 호소는 민족의 노래가 되었고 소망의 다리가 되었다.

"비록 무화과나무가 무성하지 못하며 포도나무에 열매가 없으며 감람나무에 소출이 없으며 밭에 먹을 것이 없으며 우리에 양이 없으며 외양간에 소가 없을지라도 나는 여호와로 말미암아 즐거워하며 나의 구원의 하나님으로 말미암아 기뻐하리로다. 주 여호와는 나의 힘이시라 나의 발을 사슴과 같게 하사 나를 나의 높은 곳으로 다니게 하시리로다." (하바쿡 3:17-19)

고대 유대인의 글쓰기 대부분은 신과 관련한 것이었다. 유대인은 고통스러운 가운데도 신과의 약속을 잊지 않았다. 어떤 자리에 있을지라도 유대인으로서의 정체성을 유지하기 위해 힘썼다. 고난 속에서도 삶의 목표를 기억했다. 신의 명령, 약속, 축복을 노래했다. 기도로 신에게 간구했다. 이스라엘의 왕 다윗은 고백한다.

"하나님, 나를 지켜 주십시오. 내가 주님께로 피합니다. 나더러 주님에 대해 말하라면 '하나님은 나의 주님, 주님을 떠나서는 내게 행복이 없다' 하겠습니다. 땅에 사는 성도들에 관해 말하라면 '성도들은 존귀한 사람들이요, 나의 기쁨이다' 하겠습니다. 다른 신들을 섬기는 자들은 더욱더 고통을 당할 것이다. 나는 그들처럼 피로 빚은 제삿술을 그 신들에게 바치지 않겠으며, 나의 입에 그 신들의 이름도 올리지 않겠다. 아, 주님, 주님이야말로 내가 받을 유산의 몫입니다. 주님께서는 나에게 필요한 모든 복을 내려 주십니다. 나의 미래는 주님이 책임지십니다." (테힐림 16:1-5)

"주님, 내가 주님께로 몸을 피하니, 내 원수들에게서 건져 주십시오. 주님은 나의 하나님이시니, 주님의 뜻을 따라 사는 길을 가르쳐 주십시오. 주님의 선하신 영으로 나를 이끄셔서, 평탄한 길로 나를 인도하여 주십시오. 주님, 주님의 이름을 위하여 나를 살리시고, 주님의 의로우심으로 내가 받는 모든 고난에서 내 영혼을 건져 주십시오. 주님은 한결같이 나를 사랑하시니, 내 원수들을 없애 주십시오. 나를 억압하는 자들을 멸하여 주십시오. 나는 주님의 종입니다." (테힐림 143:9-12)

글에 꿈을 담아라. 힘들고 어려운 일상에서도 소망을 이야기하라. 좋음과 나쁨, 기쁨과 슬픔을 표현하라. 잘 쓰려 하기보다 글로 표현하는 것이 자연스러운 상태에 이르도록 노력하라. 그것만으로도 유대인의 글쓰기를 향한 여행, 절반의 성공을 이루는 것이다. 유대인의 글쓰기 비법은 솔직함에서 시작해야 한다.

뼛속까지 내려가서 써라

오랜 세월 속에서
유대인의 영혼은 갈망하리.
머나먼 동방의 끝에서
모두의 시선이 시온을 향하리.
2천 년 동안의 희망이 있기에
우리는 결코 희망을 잃지 않으리.
우리의 땅에서 사람들이 자유롭게 살기 위해
시온과 예루살렘의 땅으로 가리라.
우리의 땅에서 사람들이 자유롭게 살기 위해
시온과 예루살렘의 땅으로 가리라.
이스라엘 국가 '하티크바'(우리말로 '희망')

초등학교 시절 국군 위문 편지에서부터 연애편지, 누군가를 위로하기 위한 편지 등 누구나 손 편지를 쓴 기억이 있을 것이다. 그러다가 세상이 발전해서 메일, 문자, SNS를 통해 마음을 전하는 시대가 되었다. 그러나 변하지 않는 것이 있다면 글은 여전히 마음을 움직이는 최고의 수단이라는 사실이다.

유대 경전 타나크의 기록을 읽다 보면 이 땅을 살아간 유대인 선조들의 기쁨과 슬픔, 간구와 회개, 생의 희노애락을 마주하게 된다. 신을 바라보며 약속과 목표를 지향하며 살아간 이야기가 전개된다. 삶과 목표를 이탈한 유대 선조들이 실패한 기록들도 가득하다. 글에서 유대인이 추구하는 인생 목표와 삶의 기준을 확인할 수 있다. 오늘이 시대에 왜 이토록 경전의 말씀을 유대인들이 소중히 여기는지 이해하는 것은 그리 어려운 일이 아니다.

글을 쓴다는 것은 개인의 영역에 머물지 않는다. 오랜 기간 공동체의 염원을 담는 행위로 여겨졌다. 타나크의 모든 기록은 글로 표현된 신의 도움과 사랑, 기도와 간구다. 신에 대한 믿음과 고백은 유대인의 정체성이며 삶의 목표였다. 무엇과도 바꿀 수 없는 유대인의 인생 사명이다. 그 목표와 사명이 오늘의 유대인을 만들었다.

이런 공동체의 염원은 우리나라 역사에서도 볼 수 있다.

"우리는 오늘 조선이 독립한 나라이며, 조선인이 이 나라의 주인임을 선언한다. 우리는 이를 세계 모든 나라에 알려 인류가 모두 평등하다는 큰 뜻을 분명히 하고, 우리 후손이 민족 스스로 살아갈 정당한 권리를 영원히 누리게 할 것이다. 이 선언은 5천 년 동안 이어 온 우리 역사의 힘으로 하는 것이며, 2천만 민중의 정성을 모은 것이다. 우리 민족이 영원히 자유롭게 발전하려는 것이며, 인류가 양심에 따라 만들어 가는 세계 변화의 큰 흐름에 발맞추려는 것이다. 이것은 하늘의 뜻이고 시대의 흐름이며, 전 인류가 함께 살아갈 정당한 권리에서 나온 것이다. 이 세상 어떤 것도 우리 독립을 가로막지 못한다. "

1919년 3·1 독립 선언서의 첫 부분이다. 글은 몇몇 어휘의 조합 그 이상의 의미를 가진다. 한 장의 종이에 인쇄되어 배포된 3·1 독립 선언서는 33인 민족 지도자들만의 마음이 아니었다. 당시 1천 200만 대한 국민의 마음을 담은 문장이다. 국민들이 고통의 일제 강점기 시절을 버틸 수 있던 것은 독립 선언서에 쓰인 선언이 현실이 될 것이라는 기대 때문이다.

고통 가운데 있는가? 마음에 품고 있지 말고 글로 표현해 보라. 남에게 보여 주기 위한 글이 아니어도 된다. 처음에는 잘 쓰려고 포장하지 않아도 된다. 진실하기만 하면 된다. 자기의 내면을 솔직하게 풀어놓으면 된다. 뼛속까지 내려가 쓴 한 편의 글은 다시 새로운 시작을 꿈꾸는 기대와 평안을 선물해 준다. 슬픔을 기쁨으로, 눈물을 즐거움으로 만든 유대인의 고백은 우리도 모두 누릴 수 있다.

유대인 소년이 만든 신문 〈클레피〉

제2차 세계대전 당시 체코슬로바키아는 나치에 점령당한다. 이후 유대인의 일상은 통제되었다. 학교도 문을 닫았다. 그런 상황에서 부데요비치라는 지방 도시에 사는 소년 루다는 신문 〈클레피(Klepy)〉를 창간한다. '뒷말'을 뜻하는 체코어 〈클레피〉는 글쓰기를 좋아했던 루다가 종이에 타자를 치고 그림과 사진을 붙여 넣은 3쪽짜리의 짧은 소식지였다. 어린 시절부터 글쓰기를 좋아했던 루다에게는 공포스럽고 지루한 일상에서 벗어날 좋은 취미였다.

〈클레피〉는 단 1부만 발행되었다. 친구들 사이에서 읽히던 신문은 집집마다 돌려보는 인기 간행물이 되었다. 전쟁통에 집 안에만 있어야 했던 탓인지 동네 소식지는 인기를 더해 갔다. 회가 거듭할수록 내용도 풍성해졌다. 아이들뿐 아니라 어른들도 좋아할 만큼 지역의 다양한 소식을 담았다. 자연스럽게 지면도 늘었다. 마지막 22호가 발간된 것은 1호가 발행된 지 1년이 지난 시점이었다. 당시의 분량이 33페이지나 되었다고 한다. 물론 이때도 단 1부만 발행되었다.

전쟁 상황은 더욱 나빠졌고 유대인을 향한 핍박은 날이 갈수록 심해졌다. 동네 사람들이 부모, 형제를 잃었다. 신문의 필진 대부분도 수용소로 끌려가며 뿔뿔이 흩어졌다. 그들 대부분이 어린 나이에 수용소에서 목숨을 잃었다. 요한 프로인트만이 필진 중 유일하게 살아남았고 그는 종전 이후 캐나다로 이주했다.

1989년, 고향 땅을 방문한 프로인트는 수소문 끝에 〈클레피〉를 되

찾는다. 지금은 체코 프라하의 유대 박물관에 보관 중이다. 신문이 만들어질 때는 전쟁 중 사람들에게 잠시나마 웃음을 가져다주는 작은 소식지에 불과했다. 시간이 지나고 남겨진 기록은 고통 속 희망을 꿈꿨던 이들의 숨결로 사람들에게 전해져 온다.

이러한 유대인의 기록은 비단 루다 같은 청소년들에게서만 발견되는 것이 아니다. 두 차례의 세계 대전을 겪으며 전 세계를 유랑한 수많은 유대인은 자서전, 회고록, 일기 등 다양한 형태의 기록물들을 남겼다. 고난의 순간에서 꿈꾸는 희망의 노래를 기록에 담았다. 신앙과 교육, 문화를 넘어 삶의 일부로 자리 잡은 글 쓰는 문화는 위로의 통로이자 위기를 헤쳐 나가는 유대인들의 역량이 되었다.

15

계속해서
쓰이는 책

탈무드

유대인의 배움은 토라로 시작해서 탈무드로 끝난다고 해도 과언이 아니다. 탈무드는 유대인의 성공을 이끈 길잡이다. 세상의 많은 주제에 대한 자신만의 견해를 정리할 수 있었기 때문이다.

우리나라에 소개된 탈무드는 마빈 토케이어가 소개한 우화 중심의 탈무드다. 쉽고 재미있어서 아이부터 어른까지 누구에게나 사랑받았다. 그런데 그것이 탈무드의 전부는 아니다. 마빈 토케이어를 통해 만난 탈무드는 탈무드의 퍼즐 조각 중 하나일 뿐이다.

유대인에게 탈무드는 평생 공부이자 과제다. 혼자 독서를 통해 소화할 수 있는 책도 아니다. 공부하기 위해 넘어야 할 산도 적지 않은 배움의 책이다. 먼저 고대 히브리어를 익혀야 한다. 탈무드는 아람어를 혼용해 작성되었기에 아람어 공부도 뒤따라야 한다. 언어를 익혔다고 바로 이해할 수 있는 것도 아니다. 히브리어는 우리말처럼 쉼표와 마침표가 있지 않다. 처음과 끝이 정확한 표기로 기록되어 있지 않아서 히브리어를 안다고 해도 이해하는 데 어려움이 있다. 문맥을 파악하고 기록자의 의도를 유추해 가며 읽어야 한다. 그래서 탈무드는 절대 속독으로 공부할 수 있는 책이 아니다.

탈무드가 어려운 또 다른 이유는 완벽한 문장으로 이뤄져 있지 않다는 데 있다. 몇 가지 어휘의 조합으로 의미를 전달해서 독자의 사전 지식과 독해력이 요구된다. 이는 랍비의 역할이 중요한 이유가 된다. 유대인에게 랍비는 이해하기 힘든 장벽을 만날 때 그 고비를 넘어가도록 돕는 가이드 역할을 한다. 연구자를 대신하여 사고하고 탐구한다기보다는 나아갈 방향을 제시해 준다는 것이 더 가깝다. 탈무드는 정답을 찾는 책이 아니라 끊임없이 방향을 찾는 책이며 학문이다. 랍비는 갈 길을 몰라 방황하는 이들을 격려하고 지원하는 조력자로 자리를 지킨다. 그리고 랍비들은 그 역할 감당을 위해 탈무드를 끊임없이 연구하고 탐구하며 지침이 될 만한 책을 쓴다. 유대인의 창의성이 민족적인 차원으로 발현된 과정에는 이같이 탈무드를 탐구하는 과정도 영향을 미쳤다.

탈무드는 바통을 넘겨받으며 달리는 이어달리기와도 같다. 유대인 선조들은 토라를 삶에 적용하기 위해 고민했고 그 흔적을 글로 남겼다. 현재를 살아가는 유대인도 탈무드를 배우고 익히는 것에 만족하지 않는다. 히브리어로 '학습'을 의미하는 탈무드의 독특성은 지금도 여전히 쓰이는 책이라는 데 있다. 후세대 유대인도 선조들의 기록 위에 또 다른 기록을 추가해 왔는데 지금도 진행되고 있다. 어느 시점에는 '이것이 탈무드다'라고 규정되기도 하겠지만 유대인의 탈무드는 지금도 쓰이고 있는 미완의 작품이다.

이것은 다른 사람의 생각 자체를 받아들이는 것 이상으로 자신의 주장과 의견을 소중하게 여기는 유대인의 자세가 있었기에 가능한 일이다. 유대인의 탈무드 연구는 독서로 시작해 질문과 하브루타로 이어지며 글쓰기로 마무리되는 종합 연구 과정이다.

유대인은 왜 탈무드를 소중히 여길까?

유대인에게 경전 토라는 가장 중요한 것이다. 경전이 중요할수록 그것을 알아 가는 과정은 매우 중시된다. 탈무드는 가르친다.

"토라 공부를 하는 것이 매일 제물을 바치는 것보다 더 훌륭하다."

(메길라 3b)

　유대인은 신의 명령대로 토라를 가까이 했다. 순종하기 위해 힘썼고 자녀들에게도 가르쳤다. 문제는 경전의 모든 말씀을 이해하는 것은 불가능하다는 점이었다. 시대가 변화할수록 문제는 커졌다. 일상생활에서 어떤 선택이 율법을 따르는 것인지 고민해야 했다. 탈무드는 이 고민의 과정 끝에 나온 최선책이다. 정답은 아니지만 해답을 이야기하며 신의 뜻을 실천하는 길을 제시하기 때문이다.

　랍비들은 이러한 유대인을 지도하며 돕는다. 복잡한 문제 앞에서 가장 지혜로운 선택을 할 수 있도록 이끈다. 율법을 해석하고 따라야 할 길을 제시한다. 그들의 신 여호와가 유대인에게 토라를 주었다면 유대 랍비, 그들의 조상들은 후손에게 탈무드를 주었다. 토라와 타나크가 삶의 방향을 잡아 주었다면 탈무드는 그 길을 벗어나지 않기 위한 가이드라인을 제공했다.

　탈무드는 유대인의 신앙과 사상을 일상에서 구체적인 방식으로 적용해 갈 수 있는 책이다. 유대인은 변화하는 세상에서 변하지 않는 신의 말씀을 믿고 유지할 수 있는 힘을 탈무드를 통해 얻었다. 탈무드에는 "내가 거룩하니 너희도 거룩하라"는 신의 명령을 삶에 적용하기 위한 구체적인 방법이 담겼다. 유대인에게 성경의 가르침은 책에만 머물러 있지 않는다. 삶의 구석구석에서 살아 움직이는 생명으로 드러난다. 그 중심에 유대인의 탈무드가 있다.

16
기록되어야
영원히 기억된다

능력 상속

탈무드는 기원후 70년부터 제작되었다. 당시까지만 해도 유대인의 율법 전승은 구전이 중심이었다. 그러나 이스라엘의 멸망으로 유대인이 뿔뿔이 흩어지고 시간이 지나면서 랍비들의 율법 해석은 통일성이 약화되기 시작했다. 여러 차례의 유대 전쟁도 요인 중 하나였다. 전쟁 중에 수많은 유대인이 죽었는데 랍비들도 예외는 아니었다. 더구나 토라와 탈무드의 배움터인 '예시바'도 핍박 때문에 문을 열 수 없었다. 자연스럽게 제자의 수는 급격히 줄었고 구전으로 전해져 온 율법 전승은 위협받았다. 구전만으로는 토라의 전승과 유지가 어렵다고 판단하는 이들이 하나둘 생겨났다. 이 시기에 랍비 아키바는 구전된 토라를 정리하기 시작했다.

당시의 랍비들 중 제자 양성 과정에서 책을 선호하는 이는 많지 않았다. 스승과 깊은 관계를 맺으며 구전으로 율법을 전승하는 것이 유대 전통 계승에 효과적이라고 보았기 때문이다. 하지만 상황이 바뀌었고 랍비들조차 구전 토라를 문서로 기록하고 정리하는 일의 필요성을 느끼게 되어 동참하기에 이른다.

랍비 아키바에게서 시작된 구전 토라(미쉬나)의 정리 작업은 기원후 200년대 초 랍비 유다 하나시 때에 이르러 마무리되었다. 이후로 400년에 걸쳐 여러 지역에 흩어져 있는 랍비들의 구전 토라에 대한 다양한 해석을 모아 정리했는데 그것을 게마라(Gemara)라고 한다. 한마디로 탈무드는 구전 토라인 미쉬나와 랍비들의 다양한 해석을 덧붙인 게마라로 구성된 유대인들의 율법서이자 해설서다.

유대 전통주의자들은 율법의 한 마디 한 마디를 일상생활에 적용하기 위해서 힘썼다. 모든 유대인이 그런 것은 아니지만 그들의 경전을 향한 마음만큼은 동일하다. 신의 언어요, 선택받은 민족 유대인에게 주어진 신의 선물로 여기기 때문이다.

아이러니한 것은 율법 준수에 그토록 철저한 유대인들이 율법의 해석에서는 어느 종교보다 관대하다는 것이다. 해석에 차이가 나타나는 경전의 내용에 대해서는 어느 하나를 정답으로 여기며 강요하지 않았다. 다양한 견해를 존중하며 공론의 장에서 다루고 공동체의 선택을 유도해 나갔다. 그리고 탈무드는 그런 다양한 의견을 담아내는 그릇이 되었다. 유대인의 종교적 전통이 위협받던 상황 가운데 시작된 탈무드는 유대인에게 토라 다음가는 제2의 경전으로 사랑받고 있다.

과거와 현재, 미래를 담은 책

탈무드는 글 쓰는 유대 민족의 진면목을 그대로 보여 준다. 방대한 분량도 놀랍지만 탈무드의 주제는 세상의 모든 내용을 담을 기세다. 문헌 정보 학자들은 총류(000)부터 역사(900)에 이르는 십진분류 체계 안에 세상의 모든 주제를 담아내는 데 성공했다. 유대인에게 탈무드가 그렇다. 그 안에 유대인의 인생 전 과정을 담아내려 노력했다. 과거와 미래를 담아내는 일에도 충실했다. 유대인의 예배, 도덕, 법률, 신앙, 사회생활 등 일상의 지혜와 교훈으로 가득하다.

제라임(씨앗들: 농법과 기도), **모에드**(절기: 안식일, 종교 절기), **나쉼**(여성, 가족법: 결혼과 이혼), **네지킨**(손해 배상: 민법과 형사법), **코다쉼**(거룩한 것들: 제물과

제사 의식), **토호롯**(정결한 것들: 정결과 부정) 등 6가지 대주제에 60여 개의 소논문, 517개의 챕터 등 방대한 구전 토라와 랍비들의 다양한 해석과 게마라로 구성해 놓았다. 하늘의 언어인 토라를 땅의 언어인 탈무드에 담기 위한 구체적인 고민과 토론은 오랜 세월 동안 진행되었다. 그 결과를 종합하여 탈무드에 담아내는 일은 매우 성공적이었다.

탈무드는 정보를 전달하는 지식의 책이 아니다. 사고하는 능력을 상속하는 지혜의 책이다. 미래 지향적인 유대인의 인생 설계 지침서와 같다. 시대가 변하고 문명이 바뀌는 격변의 시대에서 살아남을 수 있는 힘의 근간이 탈무드에서 비롯되었음을 수많은 유대인이 증언한다. 종교적 기준을 지켜 나가면서 세상의 변화에 적응하고 또 혁신을 선도했다. 0.2퍼센트의 유대인이 과학, 경제, 철학, 문학, 음악, 미술, 위생, 상업과 산업 분야에서 괄목할 만한 성취를 낼 수 있었던 것도 탈무드 학습 문화를 바탕으로 한다. 또한 유대인의 생각과 시각을 하나로 묶어 주는 역할을 하는 것이 바로 탈무드다.

17

책은 물고기, 토론은 낚시법,
글쓰기는 요리법이다

교육

나는 유대인의 탈무드를 바라보는 새로운 관점으로 글쓰기를 제안한다. 지금까지 사람들 대다수는 종교적인 관점에서 탈무드를 살폈다. 그 가운데 유대인의 질문 능력을 유대인의 성취 요소라 이야기하며 강조해 왔다. 한 가지 부족한 점이 있다면 '글로 쓰인 탈무드'에 대한 관심이다. 유대인의 성공을 실현하고 싶다면 그들의 방법과도 일맥상통해야 한다. 유대인이 보여 준 결과만이 아니라 성공을 가져온 절차에 관심을 가져야 한다. 유대인이 탈무드를 적용한 결과를 살펴는 것만으로는 부족하다. 탈무드가 쓰인 과정을 살피고 실제 적용을 위한 구체적인 노력을 더해야 한다.

구전되어 오던 유대의 정신을 글로 정리해야만 했던 상황을 다시 한 번 살펴보자. 그리고 그것이 오늘을 사는 유대인에게도 적용되고 있음에 주목하자. 오늘날 우리에게 필요한 것은 '나의 탈무드'다. 읽고 토론하는 것만으로 온전한 탈무드 학습이라 말할 수 없다. 유대인에게 탈무드가 있듯이 오늘 내 삶의 탈무드를 만들어 가는 과정의 노력이 필요하다. 독서, 질문, 토론에 글쓰기를 더해야 한다.

주한 이스라엘 대사를 역임한 투비아 이스라엘리는 말한다.

"유대인은 아이가 어릴 때부터 토라와 탈무드를 읽게 하고, 읽은 내용에 대해 토론하게 하고, 그 과정에서 정리된 생각을 글로 표현하게 한다."

유대인은 토라와 탈무드를 중심으로 산다. 탈무드는 읽는 책이 아니다. 생각을 위한 책이다. 탈무드는 정해진 생각을 전달하는 책이 아니라 생각에 생각을 더해 가며 완성되는 책이다. 유대인은 정신을 글로 남겼고 후대는 그것을 읽고 토론하며 삶으로 체화해 갔다. 거기에서 끝나지 않는다. 토론을 통해 정리되고 깨달은 것은 반드시 글로 정리했다. 유대인에게 책은 물고기고, 질문과 토론은 낚시법이다. 그리고 글쓰기는 요리법이다. '생각'이라는 잡힌 물고기는 날것으로 먹을 수 없다. 글쓰기라는 요리를 거쳐야 비로소 내 것이 된다.

흩어진 생각을 정리하는 데 글쓰기보다 좋은 방법은 없다. 글을 쓰면 아는 것과 모르는 것이 정리된다. 정리된 것은 내 것이 되고 정리되지 않은 것은 탐구의 대상이 된다. 글로 정리된 탈무드의 가르침을 하브루타를 통해 살피고 자신의 글쓰기를 통해 마무리해야 한다.

유대인의 탈무드는 지금도 세상의 의문과 질문을 담는 그릇으로 사용되며 글쓰기를 통해 완성되고 있다. 그것이 탈무드의 가치를 높였으며 유대인 최고의 자산으로 자리 잡은 이유다.

나의 탈무드를 디자인하라

우리 삶은 어떠한가? 주도적인 고민 없이 주어진 삶을 살아가는 일에 바쁘다. 영향력 있는 삶을 주도하는 이가 많지 않다는 것이다. 배우긴 배웠는데 변화와 성장이 없다.

지난 시간의 실패 경험을 되풀이하지 말자. 유대인의 질문, 독서, 하브루타를 하나의 지식과 정보로 머물게 해서는 안 된다. 삶의 일부가 되게 하라. 무엇보다도 글쓰기로 지금까지 준비한 자원들을 요리해 보라. 지금 당장은 맛난 요리가 아닐 수 있다. 필요한 것은 지속성이다. 꾸준함이 필요하다. 그 일을 지속해 간다면 얼마 지나지 않아 멋진 나만의 요리를 마주할 것이다. 기억하라. 글쓰기를 통해 돌아보는 나의 삶의 기준과 원칙, 고민과 갈등은 다른 이들에게 나눌 가치가 있는 능력으로 세워 가는 최선의 과정임을 말이다.

18

생각을
훈련하는 법

하브루타

독일 태생의 유대인 정치 철학자 한나 아렌트는 저서 《예루살렘의 아이히만》에서 '생각의 무능'에 대해 이야기한다. 인간이 저지르는 많은 죄가 악한 의도나 동기에 의한 것만이 아니라는 것이다. 그것을 가능하게 하는 중요 요인으로 '무사유'를 말한다.

"생각의 무능은 말하기의 무능을 낳고 행동의 무능을 낳는다."

이 말에 그의 생각이 잘 담겨 있다. 그는 죄를 저지를 때 다른 사람의 처지를 생각할 줄 모르는 생각의 무능이 문제임을 강조한다. 악한 명령에 대해 생각 없이 복종하는 것만으로 악행을 저지를 수 있다고 보았다. 한나 아렌트는 무사유가 악의 평범성의 핵심이며 인간의 나약함으로 보았다.

이런 한나 아렌트를 향해 유대인의 비난과 비판이 이어졌다. 왜냐하면 이것은 홀로코스트의 나치 전범 아히히만의 재판과 관련하여 나온 주장이기 때문이었다. 그토록 고통스러운 아픔의 기억이 평범, 생각 없음, 침묵, 순종의 순화된 언어로 설명되는 것을 받아들일 수 없었기 때문이다. 아이러니한 것은 한나 아렌트 본인도 나치 수용소의 피해자 중 한 사람이라는 사실이다. 그 또한 제2차 세계 대전 당시 프랑스의 나치 수용소에서 죽음의 공포를 느껴야 했다. 공포의 현장에서 나치의 만행을 직접 경험했던 이로서 어떻게 악의 평범성과 무사유의 논리로 홀로코스트의 아픔을 재해석할 수 있었을까?

질문과 토론, 하브루타로 사유를 훈련하다

큰 맥락에서 볼 때 아렌트가 펼친 논리는 유대인의 특징을 잘 드러낸다. 무사유의 연약성에 대한 이야기는 누구보다 깊이 사유한 결과

이기 때문이다. 유대인은 어느 민족보다 사고의 중요함을 강조한다. 유대인의 일상은 생각 없이 살며 행동하는 무사유를 허락하지 않았다. 유대인에게 인간의 사유는 종교적 믿음과 연관된 것이다. 사유를 신이 부여한 의무와 권리, 축복으로 여겼다. 종교적 믿음이요, 공동체의 훈련 차원으로 지속되어 온 유대인의 사유는 그들의 미래를 그려 온 민족의 히든 커리큘럼이다.

유대인이 교육을 강조하는 것도 이 때문이다. 사유란 저절로 자라지 않음을 알기 때문이다. 생각은 누구나 할 수 있지만 차이를 만들어 내는 사고는 저절로 자라지 않는다. 훈련을 통해 자라난다. 그것을 누구보다 잘 아는 유대인은 일상을 배움의 장으로 만들었다. 가정교육은 물론이고 학교 교육, 종교적 가르침의 자리, 일상의 모든 순간에서 사유를 위한 훈련은 계속되었다. 일상의 습관, 성장을 넘어 유대인의 정체성으로 자리해 왔다.

19

머리로만 생각하지 말고
종이 위에서 생각하라

레토릭

예시바는 유대교도를 위한 평생 학교다. 예시바에서의 배움은 대부분의 시간 책을 읽고 글을 쓰고 짝을 지어 대화하며 진행된다. 이때 짝을 지어 대화와 토론을 하는 것을 하브루타라고 한다. 유대 전통 교육 하브루타는 최고의 레토릭 도구로써 꼬리에 꼬리를 물며 격렬하게 논쟁하면서 다양한 주제를 넘나드는 반복 학습 과정이다.

유대인에게 논리를 표현하는 것은 의무인 동시에 권리다. 유대인은 누구보다 주도적인 사고를 강조한다. 남녀노소, 상사와 직원, 부대

상급자와 하급자 간에도 솔직한 소통을 중요시 여기며 실천한다. 하브루타를 통해 자신의 생각을 덧붙여 가는 레토릭 과정은 유대인의 사고 역량을 한층 끌어 올렸다. 이때 타나크, 탈무드는 유대인의 훌륭한 하브루타 교재가 되어 준다.

글쓰기는 하브루타의 중요한 요소 중 하나다. 유대인은 어느 다른 민족보다 글로 기록하고 전승하는 일에 관심이 많았다. 하브루타 글쓰기는 주장의 근거와 논리를 정리하는 것으로 시작된다. 나눈 내용에 대한 새로운 정보, 깨달음을 정리하는 글쓰기도 하브루타의 일부다. 물론 글쓰기 없는 하브루타도 가능하다. 대화만 하면 된다. 글 쓰는 부담이 없는 논쟁과 논리 대결은 언제나 가능하다.

하지만 기억해야 하는 것은 '유대인의 역량을 만든 하브루타는 어떻게 진행해야 하는가' 하는 것이다. 이때 글쓰기는 필수다. 해도 되고 안 해도 되는 선택지가 아니다. 글쓰기로 시작되고 마무리되지 않는 하브루타로 차이를 만드는 사고 역량을 세우는 것은 불가능에 가깝다. 말은 글에 비해 즉흥적인 표현 방식이기 때문이다. 전체를 이야기할 때도 누락된 지식과 정보가 많을 수밖에 없다. 객관적으로 논리를 펼친다고는 하나 자신도 모르는 편향이 늘 존재한다.

글쓰기라고 완벽한 것은 아니지만 말보다 더욱 정교하고 구체적이다. 전체를 포괄하며 논리를 전개하기에는 말보다 글이 더 적합하다.

사후 점검이 가능하다는 글의 장점 때문이다. 수정의 기회가 있고 보완이 가능하다. 글쓰기가 없는 하브루타가 주는 성장도 작은 것이 아니다. 오고가는 대화 가운데 논리가 점검되고 이야기의 구조는 더욱 탄탄하게 세워지기도 한다. 다만 글의 장점이 더해진 하브루타의 중요성은 아무리 강조해도 부족함이 없다. 하브루타 이전의 글쓰기, 진행 과정과 후속 정리 차원의 메모와 요약 등 글쓰기는 하브루타의 효과를 더욱 극대화하는 요소가 된다.

앵커 주자처럼 글 쓰기

사람들 대부분은 자신의 마음을 표현하려고 한다. 남의 생각을 따르기보다는 주장하고 인정받기를 원한다. 안타까운 것은 표현하고 싶은 마음은 있지만 익숙하지 않고 서툴다는 것이다. 우리가 자란 문화 자체가 자연스럽게 표현하는 환경이 아니었다. 주장하고 표현하는 역량을 키워 가는 과정을 제공받지 못했다. 말을 하고 글을 쓰는 순간마다 확인하게 되는 것은 나의 주장이 정리되지 않은 생각이라는 사실이다.

방송국마다 다양한 토론 프로그램을 운영한다. 토론이라는 방식은 서로의 생각을 비교 분석하며 한 차원 높은 논리를 세워 가는 인류의 오래된 학습 시스템이다. 토론회는 경쟁의 장이다. 진영을 달리하여 자신들의 입장을 대변할 토론의 달인들이 등장하여 정리된 논리를 주장하며 서로의 입장을 표현한다. 토론회를 지켜보던 사람들은 '저렇게 밖에 주장하지 못할까? 나보다 논리가 부족한데' 혹은 '바로 저거야! 내가 하고 싶었던 이야기가 바로 저거란 말이야' 하는 생각이 든다.

토론회 이후 사람들을 만나 이야기할 때는 더욱더 정리된 내용으로 표현할 수 있게 된다. 토론자의 논리를 나의 지식, 논리 체계로 받아들여 표현할 수 있기 때문이다. 다른 이의 주장을 있는 그대로 외워 옮기기보다 자신만의 논리를 세워 가는 도구로 삼아야 한다. 나의 부족한 논리를 채우고 오류를 수정하는 기회로 삼을 때 다른 이들의 토론을 살피는 학습 과정은 나의 역량을 기를 수 있는 소중한 기회가 된다.

여기에서 우리가 생각해 보아야 하는 것은 '능숙한 토론자의 말'이다. 그가 하는 말의 논리, 토론에서 상대방의 주장을 깨트리는 능력은 어디에서 오는 것일까? 간단하다. 준비에서 온다. 그가 비범해서 여러 주제에 대해 능수능란한 논리를 펼치는 것이 아니다. 토론은 철저한 사전 준비가 필요하다. 특히 글로 자신의 논리를 정리하는 것은 필수다. 글로 확인 절차를 거치지 않은 논리는 허점을 드러내기 마련이다. 준비가 철저한 상대방에게 부족한 논리와 허점은 드러나게 되고 논리 싸움에서 패하게 된다.

토론자만이 아니다. 아나운서도 말하기의 전문가다. 단순히 말만 잘하는 사람들이 아니다. 원고가 준비되기는 하지만 지식과 정보를 수용하고 논리적으로 정리하고 표현하는 데 누구보다도 뛰어난 사람들이다. 기자들도 논리적 사고 능력이 뛰어난 사람들로 가득하지만 취재 내용을 대중에게 편안하고 명료하게 전달하는 데 가장 뛰어난 이들만이 앵커의 자리에 앉을 수 있다.

400미터 계주 경기의 마지막 주자를 앵커 주자라 말한다. 마지막 주자가 바통을 이어받으면 캐스터는 외친다.

"네! 앵커 주자가 바통을 이어받았습니다."

대부분 가장 실력이 좋은 사람을 마지막 주자로 세운다. 앵커 주자는 결승점을 통과하는 주자이기 때문이다. 아나운서와 앵커는 동료 기자들이 취재 후 정리해 온 정보와 자료를 취합 및 정리하여 시청자들에게 전달하는 레토릭 전문가다. 그러니 머리로 기억해서 전달하지 않는다. 생각나는 대로 말하지 않는다. 초 단위로 원고를 정리하고 준비된 원고를 프롬프트에 띄워 최대한 자연스러운 말투로 전달하려 애쓴다. 정리된 글은 정확하고 힘이 있기 때문이다. 하브루타가 유대인 창의성의 요인 중 하나로 끊임없이 이야기되는 것도 바로 이러한 특성 때문이다. 말이 된 글, 글이 된 말로서의 하브루타의 알고리즘에 대한 바른 이해와 적용이 필요한 때다.

20

유대인의 비법
내 것으로 만들기

글쓰기 환경 설정

《톰 소여의 모험》,《왕자와 거지》,《미시시피 강의 생활》,《허클베리 핀의 모험》의 작가 마크 트웨인. 그는 1867년 유럽 기행을 떠나는데 그 마지막 여행지가 팔레스타인이었다. 그로부터 30여 년이 지난 1899년, 그는 문예 평론지 〈하퍼스(Harper's Magazine)〉에 유대인에 대한 자신의 견해를 밝힌다.

"만약 통계가 맞다면, 유대인 인구는 인류 전체의 1퍼센트에 불과

하다. 그 수는 은하수 불길에 사라진 희미한 별빛의 먼지와도 같다. 사실 유대인의 소리는 들리지 않는 소리여야 하지만, 그들의 소리는 항상 들려 왔다. 유대인은 다른 민족들보다 지구상에서 두드러진 존재였고 유대인의 상업적 영향력은 그들의 작은 수요에 비해 지나칠 정도로 컸다. 문학, 과학, 예술, 음악, 금융, 의학 분야의 세계적인 유대인 거목들의 기여도는 유대인의 수적 열세에 비해 엄청났다. 유대인은 모든 시대에 전 세계에 걸쳐 놀라운 싸움을 이어 왔고 그들의 후손들도 그 일을 훌륭히 감당해 왔다. 유대인이 자만하다고 볼 수도 있지만 충분히 자격이 있다.

이집트인, 바빌로니아인, 페르시아인이 일어나 이 땅을 소리와 화려함으로 가득 채웠지만 꿈을 펼치다 희미하게 사라졌다. 그리스인과 로마인도 마찬가지다. 엄청난 소리를 내며 뒤따랐지만 그들도 사라졌다. 다른 민족들도 일어나 한동안 횃불을 높이 쳐들었지만 그것은 이내 타 버렸고 서서히 역사 속에서 사라졌다. 유대인은 그 모든 것을 지켜보았다. 유대인은 늘 그렇듯 쇠퇴하지 않고, 노쇠함도, 나약함도, 기력의 저하도, 기민함과 적극적인 정신도 약해짐 없이 간직하며 그 모든 것을 이겨 냈다. 유대인을 제외하고는 모든 민족이 멸망했다. 다른 민족은 모두 사라져 갔고 오로지 유대인만 살아남았다.”

마크 트웨인의 유대인에 대한 견해는 120여 년이 지난 오늘의 시각과도 크게 다르지 않다. 정치적 관점에서 이스라엘과 유대인을 바라보는 생각은 다를지언정 그들이 보여 준 성취에 대해서는 그 누구도 반론을 제기하지 않는다. 어떻게 그런 차이를 나타낸 것일까.

유대인의 환경을 내 환경으로 설정하라

나는 유대인의 성공 요인을 '우연'으로 설명하곤 한다. 유대인의 삶을 생각해 보자. 어느 날 한 아이가 태어났는데 유대인이다. 부모는 학습을 중요하게 여겼고 어린 시절부터 자녀들에게 학습 환경을 제공했다. 이는 종교적 믿음과 공동체 신념과도 연결되었다. 회당과 학교를 다니며 지속적으로 동기도 부여받았다. 주위의 모든 사람은 읽고 쓰는 일에 익숙했다. 주변 모든 사람이 읽고 쓰는 배움의 과정을 당연한 것으로 여기며 살았다. 유대인 선배들이 노벨상을 받고 자라는 모습을 보고 듣고 자랐다. 함께 자란 공동체 동료들도 자신이 속한 분야에서 인정받기 시작했다. 선택이 아닌 주어진 일상 속에서의 배움은 대다수 유대인들의 욕구와 초깃값이 되었다.

이렇게 설명하는 이유는 우리가 아는 유대인의 성취 요인이 그 어떤 비법에서 비롯된 것이 아님을 강조하기 위해서다. 유대인의 유전자 자체가 특별해서 얻은 성취가 아니다. 유대인으로 태어나는 순간 주어진 공동체 환경이 중요한 성취 요인이 되었다. 최적화된 인적 환경, 생활 환경, 학습 환경에서 일상을 살아갈 수 있었다.

이는 유대인 한 개인의 의지로 이룬 결과가 아니다. 오랜 시간의 역사를 거치며 유대 공동체가 만들어 온 환경의 지원이 있었기에 가능했다. 노력하지 않아도 성공의 구성 요소들을 누릴 수 있다는 것은 축복이 아닐 수 없다. 공동체와 함께하는 일상의 환경, 이것은 유대인의 성공 비결의 핵심 축을 이루고 있다. 만일 이러한 알고리즘을 나와 내가 속한 공동체에 지속적으로 적용해 간다면 유대인의 성공은 어느 누구에게나 반복 가능한 것이 될 것이다.

물론 그 일이 생각처럼 쉬운 일은 아니다. 믿음과 신념, 문화는 흉내 낸다고 자신의 것이 되지 않기 때문이다. 문화와 전통은 오랜 시간의 역사를 통과하며 형성되는 것으로 그 자체로 영향을 미치는 요소가 된다. 우리가 유대인의 성취를 이야기할 때 단순히 적용 가능한 학습, 방법과 기술 차원에서 다뤄서는 안 되는 이유다. 유대인의 질문법, 하브루타도 마찬가지다. 그 모든 것은 학습 방법인 동시에 문화며 그 이전에 종교적 의미가 담긴 행위다. 지금까지 설명한 유대 공동체에 디자인 된 우연에 대한 이해 없이 유대인의 성취를 학습 방법과 기술적 접근 방식으로 얻으려고 할 때 그것은 우리에게 주어지지 않을 것이다.

그럼 어떻게 해야 하는가? 해법은 간단하다. 유대인으로 태어나면 주어지는 문화, 그 우연을 내 삶에 적용해서 성공하면 된다. 다시 말하지만 결코 쉽지 않은 일이다. 다만 우리가 추구해야 할 유대인 연구의 방향, 그 초깃값이 무엇임을 잊지 말아야 한다. 우리의 노력은 그 전제 가운데 진행되어야 한다. 유대인의 우연이 우리에게도 자연스러워질 때, 유대인의 하브루타가 아닌 우리의 그 어떤 학습 활동이라도 차이를 만들어 내는 핵심 역량이 되고 삶의 변화를 이끄는 경쟁력이 되어 줄 것이다.

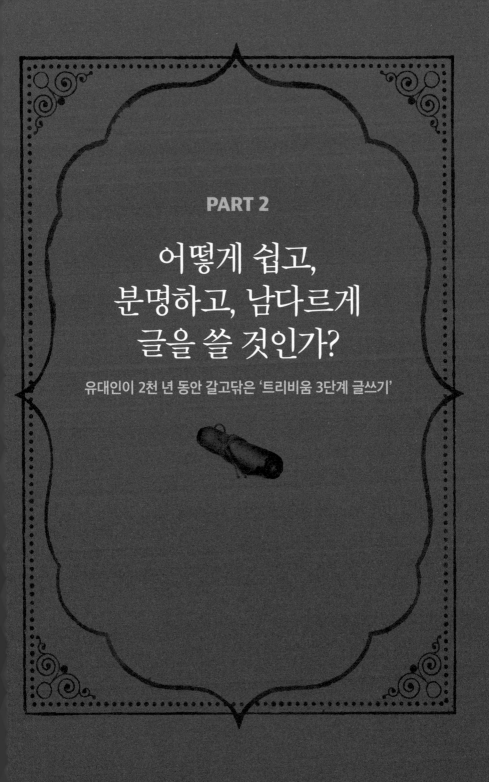

PART 2

어떻게 쉽고,
분명하고, 남다르게
글을 쓸 것인가?

유대인이 2천 년 동안 갈고닦은 '트리비움 3단계 글쓰기'

21

글쓰기 역량이
미래 경쟁력이다

한국 교육의 위기가 공론화된 것은 벌써 오래전 일이다. 위기를 넘어 무너진 한국 교육의 현실을 두 눈으로 확인하고 있다. 주입식 교육은 대표적인 문제로 지적받았다. 교육 개혁이라는 이름으로 수많은 선택을 했지만 결과는 결코 성공적이지 않았고 크게 달라진 것이 없다. 교육의 목적은 생각하는 능력을 향상시키는 것이다. 수많은 교육의 문제를 이야기하지만 하나로 종합하면 사고 능력을 향상시키지 못하는 문제점으로 귀결된다. 왜 우리의 교육은 사고 능력의 향상을 이루지 못하는가?

복잡한 문제일수록 문제점은 단순한 데 있다. 오늘 우리의 교육이 그렇다. 나는 두 가지 측면에서 문제점을 살펴보기를 권한다. 한국 교육을 이수한 사람들에게 부족한 두 가지는 독서와 글쓰기다. 특히 글쓰기에 대한 우리의 선택은 묘수라기보다는 자충수에 가깝다. 소 잃고 외양간 고치기 식의 교육 개혁이 남발하고 있다.

유대인의 첫 번째 경전 창세기(베레시트)를 보면 최초의 인간 아담과 하와가 나온다. 그들은 신이 먹지 말라고 한 나무의 열매를 따 먹는 죄를 범한다. 베레시트는 "보암직도 하고 먹음직도 한" 열매라고 기록한다. 신이 먹지 말라고 한 나무의 열매가 그러했다. 보기에 좋았다. 너무 맛있어 보였다. 실상은 죄의 원천이었다.

오늘 우리 교육 현장의 모습과도 유사하다. 보암직하고 먹음직한 프로그램들로 가득하다. 유대인 교육의 비밀이라 일컬어지는 내용들도 마찬가지다, 본질은 온데간데없고 유대인이 성취한 결과의 아름다움에 취해 우리도 그러할 것을 기대하는 마음만 앞서고 있다. 본질은 자취를 감추고 모양만 취하고 있다.

우리는 유대인의 일상에 녹아 있는 글쓰기 문화에 대해서 생각하지 않는다. 읽고 토론한 결과들을 자신의 것으로 만들기 위해 무수히 써 내려온 글자의 민족, 글의 민족, 책의 민족 이스라엘은 외면해 왔다. 유대인이 보여 준 화려함만 부러워하고 흉내 내는 것만으로는 어떤 변화도 이룰 수 없다. 원리를 살피고 변화를 위한 요소를 찾아야 한다. 보암직한 시스템을 넘어 인간의 본질적인 능력을 향상시켜야 한다. 원리적인 기초를 세우지 않고는 그 어떤 프로그램도 기능을 다 할 수 없다. 유대인의 교육으로 강조되는 독서와 질문, 하브루타의 실행에서도 마찬가지다. 유대인의 다양한 도구들 모두 전체상에 입각하여 준비되고 실행되어야 한다. 무엇보다 글쓰기와 연결 짓기 위한 구체적인 대안이 있어야 한다. 교육에서 글쓰기에 대한 동기, 내용, 방법, 기술 등에 이르기까지 바른 대안이 마련되지 않는다면 유대인의 다른 도구들도 결코 우리가 원하는 성취로 연결되지 못할 것이다.

글쓰기로 미래를 준비하는 대학들

세계 유수의 대학들은 오래전부터 글쓰기 교육을 해 왔다. 1872년부터 글쓰기 프로그램을 운영해 온 하버드대학교는 150여 년 가까운 시간 다양한 시도를 성공적으로 이어 오고 있다. 대학 이상의 과정에서 진행되는 대부분의 과제가 쓰기와 관련이 있기에 학생들을 위한 체계적인 글쓰기 교육 과정을 계발 적용해 오고 있다. 1학년생은 누구나 의무로 글쓰기 교육 과정을 이수한다. 하버드대학교는 오프라인 글쓰기 센터, 온라인 글쓰기 플랫폼 활용, 하버드 글쓰기 프로젝트 등의 다양한 지원 체계를 상시 운영 중이다. 메사추세츠공대도 '글쓰기와 커뮤니케이션 센터'에 매년 200만 달러를 투자한다. 스탠포드대학교도 일반 교양 글쓰기 과정을 2단계로 진행하고 전공 글쓰기 과목도 필수 교과로 구성하여 학생들의 글쓰기 역량을 키우는 데 중점을 두고 있다.

이들뿐이 아니다. 열거할 수 없는 많은 대학이 글 쓰는 능력을 대학 생활의 가장 중요한 과제로 여기고 성공하기 위해 많은 노력을 기울이고 있다. 이스라엘의 대학은 말할 것도 없다. 초중고 시절은 글쓰기 방법에 집중하지 않는 대신 자유로운 분위기에서 말과 글로 표현하기를 체화시키는 것을 중요하게 생각한다. 대학에 진학하면 본격적인 글쓰기 지도가 진행된다. 상당한 읽기와 쓰기가 진행되고 점검과 코칭을 통해 글로 사고 표현 능력을 강화하는 일에 집중한다.

이스라엘의 대학을 포함하여 세계의 대학들은 왜 이토록 글쓰기 능력을 키우는 데 집중할까? 글이 곧 능력이기 때문이다. 교양의 영역에서만이 아니다. 전문 영역에서도 글을 쓴다는 것은 최고의 능력이다. 글쓰기는 중요한 것들 중 하나가 아니다. 그 어떤 교육 방법, 기술과 비교할 수 없는 가치를 지니고 있다. 다가오지 않은 미래에 대한 예측이며 주어진 문제의 해결책을 담아낼 그릇이기 때문이다.

22

글쓰기의 시작은
잘 쓰기가 아니라 그냥 쓰기다

"글을 잘 쓰려면 어떻게 해야 하나요?"

많은 사람이 묻는다. 정답은 없지만 해법은 분명하다. 첫 단계는 '글을 쓰고 있어야 한다'는 것이다. '잘한다'는 것은 그것을 시작한 다음에 찾아오기 때문이다. 많은 사람이 아무것도 하지 않으면서 잘하고 싶어 한다. 하지만 그런 일은 일어나지 않는다.

글쓰기도 마찬가지다. 글을 잘 쓰고 싶다면 지금 글을 써야 한다.

한 줄, 두 줄이어도 좋다. 일단 써야 한다. 잘 쓰고 못 쓰고는 상관없다. 못 쓰는 글이라도 우선 이어 가야 한다. 도무지 써지지 않는 한계도 직면해야 한다. 그리고 그 과정이 지속되어야 한다. 한 페이지, 두 페이지 나의 생각을 얼마든지 풀어놓을 수 있는 수준으로 끌어올려야 한다.

그다음, 멋진 문장은 아닌 듯 한데 글로 표현하는 일에 어느 정도 익숙해졌다고 생각하는가? 그때 다시 한 번 질문을 던져라.

'어떻게 하면 더 잘 쓸 수 있을까?'

같은 질문일지라도 글을 쓰지 않는 이들이 던지는 것과 결코 같지 않다. 그들에게 '글쓰기의 왕도'는 열린 길이다. 해법을 넘어 정답이 보이기 시작할 것이다.

실존주의 소설가로 유명한 프란츠 카프카는 체코 프라하에서 태어났다. 독일의 영향력이 큰 지역이었기에 유대인에게는 언제나 차별과 냉대가 뒤따랐다. 카프카는 그런 가운데서도 사회 경제적으로 부유한 어린 시절을 보냈다. 능력 있는 사업가 아버지 덕분이었다. 그렇다고 행복한 시절로 기억되지는 않았다. 부모님은 언제나 사업으로 바빴기 때문에 자신을 포함한 두 명의 남동생은 보모와 하인들의 손에서 자랐다. 그나마 두 명의 동생은 태어난 지 얼마 지나지 않아

죽음을 맞이한다. 살아남은 카프카도 부모와 친밀하지 못했고, 서로가 서로를 이해하지 못했다.

카프카는 어린 시절, 문학과 예술에 관심이 있었지만 대학에서 법을 전공했다. 법에 관심이 있었기 때문이 아니라 아버지의 바람에 따른 선택이었다. 직장 생활이 즐거웠을 리 없었다. 졸업 후 1년 동안 법원 시보로 일한 후 이직하게 된다. 카프카는 보험 회사 직원, 법률 고문 등으로 활동하며 죽기 2년 전까지 16년간 직장 생활을 했다. 많은 이에게 직장 생활이 즐겁지 않겠지만 카프카에게도 마찬가지였다. 그는 "직장 생활은 생존을 위한 밥벌이였다"라며 말하곤 했다.

그의 진정한 일상은 퇴근 후에 시작되었다. 오후 6시에 퇴근한 카프카는 피곤했지만 잠자리에 들기 전까지 대부분의 시간을 글을 쓰며 보냈다. 법원 시보로 지낸 지 1년이 지난 1908년, 글 쓰는 시간을 더 많이 확보하기 위해 다니던 직장을 퇴사한다. 월급은 조금 더 작지만 오후 2시에 퇴근이 가능한 보헤미안 왕국 노동자 상해보험회사 법률 고문으로 일하기 시작했다. 오늘날에야 카프카를 위대한 소설가로 다루지만 그는 생전에 작가로 인정받지 못했다. 폐결핵으로 요양원에서 죽어 가며 불태우라고 맡긴 원고를 친구가 출간하며 카프카의 작품은 세상에 빛을 본다. 문단으로부터 인정받기 시작한 것은 사후 어느 정도의 시간이 지나서부터였다.

어쩌면 그에게 글쓰기는 작가로서 인정받기 위한 작업이 아니었을 지도 모른다. 자신을 위한 글쓰기, 창작을 위한 일상의 몸부림이었을 것이다.

작가 로버타 진 브라이언트는 말한다.

"나는 알고 있다. 누구나 글을 쓸 수 있고 누구나 작가가 될 수 있다는 것을. 그런 사실을 받아들이고 자기를 알고 자기를 믿으려면 글과 씨름을 할 필요가 있다는 것을."

카프카의 글쓰기가 이러했다. 글과 씨름하는 일상을 살았다. 카프카라고 처음부터 글을 잘 썼을 리는 없다. 그에게 직업은 글을 쓰기 위한 최소한의 생계 수단이었으며 41세의 젊은 나이에 죽음 앞에 설 때까지 글쓰기를 멈추지 않았다. 전업 작가를 꿈꿨다는 이야기가 전해지기는 하나 그에게 중요한 것은 글을 쓴다는 것 그 자체가 아니었을까?

일단 써라! 계속 써라!

성경에 "범사에 감사하라"는 말이 있다. 기쁘나 슬프나 감사하라는 것이다. 글쓰기도 마찬가지다. 범사에 글을 써야 한다. 나의 모든 것을 글로 표현할 수 있어야 한다. 기쁨도, 슬픔도, 외로움도 글로 표현할 수 있어야 한다. 쓰기를 멈추지 말아야 한다. 글쓰기를 멈추는 순간 글은 내 인생의 힘과 능력이 되어 주지 않는다.

글쓰기의 첫걸음은 방법과 기술이 아니다. 글을 쓰는 것이다. 시작하는 이들의 왕도는 방법과 기술이 아니다. 일단 글을 쓰는 것이다. 쓰는 행위를 지속하는 것이다.

글을 잘 쓰고 싶은가? 일단 글쓰기를 시작하라. 지금 당장 시작하라. 배운 뒤에 글을 쓰겠다고 이야기하지 마라. 무엇을 써야 할지 모르겠다고 말하지 마라. 무엇을 써야 할지 모를 때의 느낌과 감정이라도 기록하라. 특별한 기술과 방법이 없더라도 쓰기만 반복해도 기대 이상의 변화와 성장을 경험할 수 있다. 글쓰기의 비법은 그때서야 비로소 나의 비법으로 자리 잡기 시작한다. 잊지 말자. 글은 쓰는 과정을 통해 향상된다는 것을 말이다.

23

유대인은 글쓰기로
스트레스받지 않는다

이 책을 저술하며 이스라엘에서 초중고, 대학교를 졸업한 한국인들과의 인터뷰를 여러 차례 진행했다.

"이스라엘에서 초중고 시절 학교에서는 글쓰기를 어느 정도 강조했는가?"

이 질문에 그들의 답변은 대부분 비슷했다. 대학에 입학해서는 힘들 정도로 글쓰기 과제를 수행해야 했다는 것이다. 교수님은 철저히 과제를 검토하고 많은 시간을 일대일로 학생의 부족한 글쓰기 능력을 코칭했다고 한다. 그러나 초중고 시절 학교에서는 글쓰기를 강요받아 본 적이 없다고 대답했다.

이스라엘에서 초중고를 졸업한 김도련 씨는 대학에서는 공학을 전공했다. 교원 자격을 취득해 이스라엘 공립 학교에서 교사로 2년간 일하기도 했다. 지금은 미국 유학 중인 그는 자신이 학생으로 공부를 할 때도, 교사로 일할 때도 한 가지를 분명히 강조했다고 한다. 강의 중심이 아닌 질문과 대화 중심으로 수업이 진행되었다는 것이다. 아이들은 끊임없이 질문을 이어 갔고 교사는 그들의 질문에 최선을 다해 응해 주어야 하는 일은 일상이었지만 글쓰기를 특별히 강조하지는 않았다는 것이 이스라엘 현지 공교육에 대한 기억이라고 이야기했다.

이스라엘 대학교는 힘에 부칠 정도의 글쓰기가 진행되는데 초중고 시절에는 질문과 대화만 할 뿐 글쓰기를 강조하지 않았다는 말은 언뜻 이해하기가 힘들었다. 기록을 중시하는 유대인의 문화를 본다면 수업에서든, 과제로든 글쓰기가 진행되었을 거라고 생각했다. 이 의문을 다시 던지자 더 자세한 답변이 돌아왔다.

"교육 과정에 글쓰기는 항상 있었다. 예를 들어 중학교에 입학하자 마자 3개월 동안 학교와 가정 학습으로 '아보다트 쇼라쉼'을 진행한 적도 있다. 가문의 족보를 요약 정리하는 학습이었는데 이것은 이스라엘에서 사는 유대인이라면 누구나 수행해야 하는 의무 과제다. 부모님을 인터뷰하고 집안을 조사하는 과정을 거쳐 100쪽 이상의 글쓰기 결과물로 정리했다. 선생님은 특별히 글 쓰는 방법을 알려 주지 않았다. 힘든 과정임에 분명했지만 누구도 힘들다 불평하지 않았다. 생각해 보면 모두가 글쓰기를 당연하게 생각했기 때문이다.

유대인에게 글쓰기는 너무나도 당연한 일상과 문화였기에 강조할 필요가 없었는지도 모르겠다. 이스라엘 공교육에서 글쓰기는 강조할 필요 없는, 너무도 당연한 교육의 일부다. 무엇인가를 강조할 때는 그것이 중요하기 때문이기도 하지만 실행이 되지 않을 때라 생각한다. 그런 면에서 이스라엘에서 글쓰기는 체화된 학습이었다는 것이 정확한 표현일 듯하다."

유대인의 성공과 글쓰기의 연결 고리

초등학교부터 고등학교 1학년 때까지 이스라엘에서 유대인 학교를 다니다가 미국으로 건너가 대학 공부를 마친 김혜리 씨는 어린 시절

이스라엘에서의 글쓰기 추억을 들려주었다.

"중학교에 입학하고 누구나 수행해야 했던 가족의 뿌리, 역사, 족보를 정리하는 장기 프로젝트를 진행했다. 과제를 완료하면 자료 전시회를 열었고 가족도 초청해 관람하는 시간을 가졌다. 또 학교 수업과 관련한 책을 많이 읽어야 했다. 독후감 과제, 생물학 관찰 노트, 발견한 것들을 정리하는 과제도 있었다. 그런데 학교에서 글쓰기를 강요한다는 느낌을 받지 않은 것은 우리가 쓴 글을 평가의 대상으로 보지 않았기 때문이 아닐까 한다. 학교는 자연스럽게 글로 표현할 수 있는 기회를 주었다. 초중고 시절의 글쓰기는 규칙이나 방법보다도 책을 읽고 배운 것들을 자연스럽게 표현하는 활동이었던 것 같다."

그러면서 자신의 경험 한 가지를 더 이야기했다.

"중학교 시절 유대인 친구들과 소설을 쓴 적이 있다. 매일 조금씩 몇 개월에 걸쳐 써 나갔다. 몇 페이지를 쓰고 각자가 쓴 내용을 서로 발표하며 피드백하는 시간을 가졌다. 학교 과제는 아니었다. 학교에서 책을 읽고 글을 쓰는 일상이 크게 부담스럽지 않았고 어느 순간 '우리도 책을 읽는 사람만이 아니라 책을 써 보는 것은 어떨까?' 하는 생각이 들었다. 유대인에게 읽기와 글쓰기는 생활이다. 항상 느끼지만 유대인은 참 글을 잘 쓴다. 말만 잘하는 것이 아니라 글도 잘 쓴다.

초중고 시절에는 즐겁게 글 쓰는 습관을 만들었다면 대학에서는 정교하게 표현하는 기술을 가다듬었기 때문이라 생각한다."

학창 시절을 이스라엘에서 보낸 이들과의 대화를 통해 유대인의 글쓰기 역사와 성취의 중요한 연결 고리를 재확인할 수 있었다. 그들에게 독서와 글쓰기는 프로그램이 아니라 가정과 학교, 종교, 문화 속에서 항상 지속되었던 삶의 일부였다. 평가받는 과제가 아니라 즐거운 활동이었다. 즐겁게 배우는 것보다 더 강력하고 효과적인 방법은 없다. 좋은 습관은 한 사람의 인생을 바로 세운다. 유대인에게 글쓰기는 문화로 자리 잡은 민족적 습관으로 삶의 무기가 되었다.

트리비움의 역량은 이러한 길 위에서 힘 있게 자라난다. 인간이라면 누구나 지식을 수용하고 생각한다. 나름대로 표현도 한다. 그러나 여기에서 이야기하는 트리비움 3단계 글쓰기를 통해 역량을 꾸준히 강화하면 지식을 수용하고 논리적으로 구조화하며 자신의 창의적인 견해를 밝히는 능력 또한 크게 성장할 것이다. 유대인에게 더 이상의 강조가 필요 없는 삶의 일부가 된 글쓰기가 있었기에 그들에게 일어난 성취는 더 이상 특별한 것이 아니다. 당연한 결과다. 그 일상이 우리의 일상으로 자리 잡혀 가기를 원한다. 너무도 당연한 것이어서 더이상 강조할 필요 없는 배움의 길, 유대인의 글쓰기가 바로 그 지점에 자리하고 있듯, 우리에게도 그러하기를 바란다.

24

글쓰기로
나의 쉐마를 만들어라

유대인들이 글을 읽고 마음에 새기고, 자녀에게 가르치고, 기록하는 습관은 쉐마로부터 시작된다. 쉐마는 히브리어로 '너희는 들으라'는 뜻으로 유대 경전 토라 중 신명기(데바림, Deuteronomy)에 나오는 말이다.

유대인에게 쉐마가 있듯, 모든 사람에게도 삶의 헌법, 인생의 쉐마가 필요하다. 즉 삶의 원칙과 규칙이다. 그것을 글로 정리하는 것이 중요하다. 좋은 원칙을 세우고 지키는 일이 중요한 만큼 그것이 글로 기록되는 것 또한 중요하다. 원칙의 의미를 분명히 하고 확장하는 계기가 되기 때문이다.

자기만의 쉐마는 한 번 쓰고 마는 낙서가 아니다. 매일 기억하고 마음에 새기기 위해 읽으며 지키기 위해 힘써야 하는 삶의 지침이자 원칙이다. 이것은 나의 성장과 변화에 따라 수정되고 보완되며 시간이 지나면 개인을 넘어 타인에게도 유의미한 원칙이 될 수 있다. 유대인들의 삶의 원칙도 이런 과정을 통해 견고해졌다.

소개하는 8가지 항목을 기초로 자신만의 쉐마를 만들어 보라.

- 인생의 목적
- 인생의 목표
- 시기별 목표
- 삶의 지침
- 배움 계획
- 자녀 교육 계획
- 돈과 재정 원칙
- 인생 철학과 가치

먼저 인생의 목적과 인생의 목표를 한두 문장으로 정리해 보라. 완벽한 문장이 아니어도 좋다. 한두 단어, 한두 문장으로 시작하면 된다. 그리고 그것을 확장하고 논리적으로 구체화하는 과정이 필요하다. 나의 인생 헌법, 쉐마는 평생에 걸쳐 만들고 수정 보완 되어야 하는 글이라는 점을 잊지 말자.

시기별 목표도 적어 보라. 지금으로부터 1년 뒤, 3년 뒤, 5년 뒤의 위시리스트, 죽기 전에 이루고 싶은 버킷 리스트여도 좋다. 떠오르는 모든 생각을 글로 옮겨라. 그리고 이것을 인생의 목적과 목표를 달성하기 위한 목록으로 정리하는 과정을 거친다. 시간이 지나서 다시 보면 처음 정한 목표 중 현실적으로 이루기 어려운 것도 보일 것이다. 앞서 이야기했듯 수정과 보완의 기회는 얼마든지 주어진다. 목표가 될 수 있는 것과 아닌 것들은 노력의 시간을 들인 만큼 걸러지고 자리 잡아 간다는 사실을 기억하라.

인생을 살며 지켜야 할 삶의 지침도 정리해 보라. 자기 관리와 인간관계에 대해 자신의 기준을 명문화해 보라. 시간 관리에 대한 지침을 기록해 보라. 고쳐야 할 습관과 지키고 발전시킬 습관을 기록해 보라. 관계를 위한 삶의 원칙도 생각하고 정리하여 기록하라. 가장 필요하지만 원칙 없이 이뤄지는 것이 인간관계다. 계획한다고 다 지켜지지는 않을지라도 관계의 지침을 명문화하는 과정을 통해 관계 회복의 계기를 마련할 수도 있다.

평생 배움에 대한 원칙과 계획이 빠질 수 없다. 유대인의 쉐마의 중심은 읽고, 생각하고, 가르치고, 지키고, 쓰는 것이었음을 기억하라. 더불어 자녀 교육의 원칙도 생각을 정리하여 기록하라. 자녀 교육서는 읽어도 자신만의 정리된 원칙을 가진 이들은 많지 않다. 자녀 교육의 원칙을 정리하는 과정에서 자신을 돌아보고 발전할 수 있는 기회를 얻게 될 것이다.

돈에 대한 자신의 쉐마도 정리해 보라. 의외로 많은 사람이 돈에 대한 원칙을 세우지 않고 살아간다. 다른 항목도 그러하지만 돈에 대해서는 관련 분야의 책을 읽고 요약정리를 하는 과정이 필요하다. 그 과정을 통해 삶의 원칙이 될 만한 요소들을 찾아 정리하여 자신만의 분명한 원칙을 세워야 한다. 경제적 자유는 돈을 좇는 사람에게 주어지는 것이 아니라 원칙이 있는 사람에게 주어진다. 돈과 경제에 대한 자신만의 쉐마를 글로 정리하는 것이 경제적 자유를 위한 진일보한 선택이요 기회가 될 수 있음을 기억하라.

마지막으로 인생의 가치와 철학에 대한 자신의 견해도 정리해 보라. 자신의 인생 헌법과 철학, 기억하고 스스로에게 외치며 들어야 할 삶의 쉐마가 되기 위해서는 단순히 글을 쓰는 것 이상이어야 한다. 스스로 정리하고 스스로 가치를 부여하며 지켜 갈 수 있는 인생이 되도록 삶의 여정에서 원칙을 다듬어 가는 과정이 요구된다.

8개의 키워드라는 그릇에 인생의 중요한 원칙을 담아내라. 생각나는 모든 것을 기록하고 점검하며 덜어내고 추가해 가면 된다. 그것을 지킬 때 유대인의 성취는 더 이상 부러움의 대상이 아니라 내 것이 될 수 있음을 기억하라.

25

유럽 교육의 핵심이 된
글쓰기 커리큘럼

나는 20년이 넘는 기간 강연자로 살았다. 책을 읽고 글을 쓰며 가르치는 일이 일상이다. 그동안 독서와 글쓰기에 관심이 있는 많은 사람과 만나 소통했다. 자녀 교육 때문에 고민인 전업주부, 자기 계발을 하고 싶은 직장인, 교육 기관 운영자, 자신의 분야에서 기량을 발휘하는 전문가들에 이르기까지 대상도 다양했다. 사람들의 관심 영역은 각기 달랐지만 목표는 하나, 글쓰기를 잘하고 싶다는 것이었다. 그들은 지금까지 해 오던 계발에 한계를 느꼈고, 누구보다 읽기와 쓰기의 필요성을 잘 알고 있었다. 더불어 지금과는 또 다른 변화와 삶을 이루고 싶어 했다. 이런 목표가 크면 클수록 더 높은 수준의 읽기와 쓰기가 필요하다는 사실을 알게 된다.

이렇게 소통하다 보면 항상 등장하는 주제가 있다. 바로 유대인의 특별함에 대해서다. 유대인의 노벨상 수상 이력과 같은 업적들은 빠지지 않고 등장한다.

'노벨상 수상자의 23퍼센트가 유대인이다.'
'하버드대학교의 유대인 비율은 30퍼센트가 넘는다.'
'미국과 전 세계 경제의 막후 권력은 유대인의 것이다.'

다른 수많은 영역에서도 유대인의 성취는 특별하다. 유대인의 특별함을 만들어 낸 요인은 한두 가지가 아니지만 그 핵심 열쇠가 글쓰기임에는 분명하다. 그리고 또 유대인의 글쓰기 비법을 이야기할 때 놓치지 말아야 할 한 가지가 있다. 트리비움(Trivium)이다.

트리비움 역량을 키우면 인생이 달라진다

트리비움은 세 가지 배움[삼학(三學)]을 뜻하는 라틴어다. 고대 그리스부터 1천 년 동안 유럽 교육의 중심을 이루었던 커리큘럼이다. 트리비움의 3원리는 '문법, 논리, 수사'다. 말하자면 문법은 정보를 줄 세우는 것, 논리는 정보를 조직화하는 것, 수사는 창의적으로 표현하는 것이다. 유대인의 차별화된 역량이 어디로부터 온 것인지 묻는다면 나는 트리비움이라고 대답한다. 이는 이 책이 강조하는 핵심 포인트다.

유대인의 글쓰기 비법을 이야기하면서 왜 트리비움을 강조하는 것일까? 이 트리비움은 글쓰기로 길러진다. 유대인의 학습 도구들로 알려진 질문법, 독서법, 하브루타 등도 트리비움의 역량을 키우는 통로가 되어 주었기에 크게 관심받았다. 하지만 유대인의 그 어떤 도구보다 글쓰기가 트리비움의 역량을 강화하는 데 더 탁월하다. 트리비움은 유대인에게만 중요한 것이 아니다. 모든 인간의 역량은 예외 없이 이 세 가지 배움의 길을 강화하는 가운데서만 자란다.

이는 어느 개인의 사례가 아닌 민족, 국가, 가정 공동체의 일상이 가져다 준 결과라는 데 의의가 있다. 일상에서 항상 트리비움을 기른 유대인은 수많은 위기에서도 기회를 만들 수 있었다. 또한 세상의 창조적인 변화를 이끈 힘도 모두 트리비움 역량에서 나왔다. 이 세 가지 배움의 길, 트리비움의 역량을 키우지 않은 이들에게는 정반대의 결과가 나타난다. 위기는 절망으로 마무리되고 기회는 우연으로 지나갈 것이다. 성공하더라도 지속되지 않는다.

그렇다면 어떻게 글쓰기로 트리비움의 역량을 키울 수 있는가? 지금부터 프로세스를 살피고자 한다. 트리비움의 원리를 이해하면 유대인에게서 발견한 차별성이 그들만의 고유 능력이 아님을 알게 될 것이다. 유대인의 공동체와 문화 환경, 삶의 시스템이 선택과 실행에 따라 우리에게도 변화를 가져다줄 배움임을 깨닫게 될 것이다.

26

글쓰기 없이는
아무것도 이루어지지 않는다

    세계가 사회 문화적, 정치적 차원에서 유대인을 바라보는 시선은 가지각색이다. 하지만 과학과 교육 분야만큼은 누구나 한목소리로 유대인의 저력을 인정한다. 교육열이 높은 우리나라에서는 더욱 그렇다. 유대인에 대한 열풍은 시기마다 그 색깔을 바꿔 갈 뿐 많은 이의 관심사에서 멀어진 적은 없다. 그들이 보여 온 성취가 너무도 크기 때문일 것이다.

    유대인이 전 세계적으로 인정받기 시작한 것이 그리 오래된 일은 아니다. 긴 역사를 보면 유대인에 대한 평가는 부정적일 때가 많았다. 종교적, 정치적인 이유로 비난과 핍박받아 왔기 때문에 소외된 약자로 오랜 시간을 살아야 했다. 그런데 오늘날 세계가 유대인을 주목하는 이유는 무엇일까? 한 가지는 그들이 지금도 증명하고 있는 성취와 영향력 때문이다. 또 한 가지는 그들의 능력과 영향력을 가능하게 만든 요인을 알고자 하는 마음 때문이다.

그래서 질문법, 하브루타, 탈무드 등 유대인의 교육 방법이 곳곳에 도입되었고, 밥상머리 교육, 공동체적 도움과 기부 문화 쩨다카, 토라 등 유대인의 문화적 가치를 일상에 적용하려고 했다. 이토록 다양한 영역에서 유대인의 성취를 가능하게 한 도구들에 대해 논의가 진행되었는데 그 와중에서 제외된 영역이 글쓰기다.

단언컨대 지금까지 연구된 유대인의 특별한 도구들은 글쓰기가 없이는 영향력을 강력하게 발휘할 수 없었을 것이다. 유대인의 독서법, 질문법, 하브루타, 가정 교육은 어느 하나도 글쓰기와 별개로 진행되지 않았음을 기억해야 한다.

유대인처럼 정보력, 사고력, 표현력을 기르는 법

유대인을 이야기할 때 빠지지 않고 강조되는 것 하나가 창의력이다. 그러나 유대인이 다양한 분야에서 의미 있는 진보와 업적을 낼수 있었던 비밀을 창의력만으로는 풀어내기가 어렵다. 그런 창의력은 정보 수용력, 사고력, 표현력으로 완성된 것이다. 하지만 사고력이 있다 해도 정보가 부족하면 창의적인 사고는 물론이요, 삶의 변화를 이끌어 내기까지는 한계가 있다. 학문 영역에서 글쓰기는 항상 최종적인 업적을 판가름하는 기준이 된다. 사업에서도, 교육 현장에서도 읽고 질문하고 대화한 모든 내용은 최종적으로 글쓰기를 거쳐 질을 높이며 일상에 적용된다. 그럼 인간의 사고 역량, 트리비움을 강화하는 글쓰기는 어떻게 할까?

우리가 알아야 하는 것은 3가지다. 정보 수용력, 논리적 사고력, 표현력이다. 글쓰기를 연습해야 하는 우리의 첫 번째 노력은 정보력을 향상시키는 것이다. 글쓰기는 생각하는 능력만으로는 불가능하다. 끊임없이 새로운 정보가 들어와야 한계에 부딪히지 않는다. 두 번째 노력은 수용한 정보에 대한 자신만의 견해를 정리하는 것이다. 이 책에서는 앞서 글쓰기로 귀결된 유대인의 역사, 학습 방법과 기술, 교육 원리를 살펴 최종적으로는 3단계 글쓰기 방법론을 제시한다. 바로 'A.S.K. 키워드 글쓰기 비법'이다.

독서와 질문, 암송과 하브루타, 종교와 일상을 통해 이룬 유대인들의 성취를 글쓰기를 중심으로 살펴보는 것은 유의미하다. 글쓰기는 수용한 정보를 논리적인 사고를 거쳐 표현하는 최고의 기술이기 때문이다. 더 싶이 있는 글을 쓰기 위한 정보력, 사고력, 표현력을 기르고 싶은 사람에게 이 A.S.K. 키워드 글쓰기는 효과적인 도구가 될 것이다.

A.S.K. 키워드 글쓰기는 '핵심 단어를 묻고, 핵심 단어로 논리를 찾고, 핵심 단어를 표현해 상대방의 마음을 두드린다'는 영어 'Ask(질문하다), Seek(찾다), Knock(두드리다)'의 머리글자를 따와 A.S.K 공식으로 정리했다. 이것은 글쓰기를 위한 논리적 사고의 기본 체계다. 이 A.S.K 키워드 글쓰기는 다양한 글감을 활용해 반복 훈련하는 것이 가장 효과적이다. 이를 통해 트리비움의 세 가지 요소 문법(grammar), 논리(logic), 수사(rhetoric)를 기를 수 있다.

A.S.K. 키워드 글쓰기	트리비움 역량
Ask(질문으로 핵심 단어 찾기): → 정보 입력, 모으기, 사실 정보 축적	문법(기초와 원리)
Seek(핵심 단어로 논리 찾기): → 정보 분석, 배열, 사실 관계 파악	논리(구조)
Knock(핵심 단어로 마음 두드리기): → 정보 표현	수사(표현)

27

묻고 찾고
두드려라

Ask(질문으로 핵심 단어 찾기): 정보 입력, 모으기, 사실 정보 축적

1단계 Ask(핵심 단어 질문하기)는 유대인의 질문력을 전제로 한다. 질문은 생각의 마중물이다. 사물의 본질을 찾는 도구이자 해답을 찾는 기술이다. 글쓰기의 첫 단계는 다양한 질문을 던지는 것이다. 우리가 세상에 던지는 질문의 양에 따라 세상은 그만큼 우리에게 답해 줄 것이다. 질문의 수준에 따라 생각의 수준도 결정된다. 우리가 새로운 정보를 제대로 받아들이지 못하는 가장 중요한 이유도 질문하지 않거나 바른 질문을 던지지 않았기 때문이다. 이 단계는 트리비움의 역량 중에서 기본에 해당하는 문법(grammar)에 해당한다. 문법이란 기초와 원리를 말한다. 가령 건물을 지을 때 기초 공사에 해당하는 단계다. 글쓰기에서는 질문하는 과정을 통해 글의 방향이 정해지고 기초가 다져진다.

Seek(핵심 단어로 논리 찾기): 정보 분석, 배열, 사실 관계 파악

2단계 Seek(핵심 단어로 논리 찾기)는 유대인의 사고력을 전제로 한다. 질문을 던지는 것은 시작이다. 질문을 마중물로 하여 생각이 발전적으로 진행돼야 한다. 글쓰기에서는 질문을 통해 선택한 글감을 다듬어 가는 과정이다.

논리를 찾는 과정에서도 질문은 끊임없이 이어질 것이다. 여기에서 논리적인 생각은 질문을 통해 찾은 것들에 질서를 부여하는 기술이다. 또한 정보와 정보를 연결해 가며 관계를 세우고 차이를 만들어 내는 과정이다. 이 단계는 트리비움의 역량 중에서 사실 관계, 지식의 관계를 줄 세우는 논리(logic)에 해당한다. 수용된 정보를 배열하고 연결해 가며 튼튼한 구조를 만들어 가는 과정이다. 모든 글은 논리가 기본 전제다. 감성적인 글이라고 해서 논리가 배제된 것이 아니다. 어떤 서술 형태라도 논리 구조가 전재될 때라야 공감을 얻을 수 있다. 질문 사고 과정을 통해 글감을 정하는 일은 쉬운 듯하면서도 어렵다. 하지만 끊임없이 사고하며 답을 찾아가는 과정을 통해 글은 견고해지고 힘이 생긴다.

Knock(핵심 단어로 마음 두드리기): 정보 표현

3단계 Knock(핵심 단어로 마음 두드리기)는 유대인의 표현력을 전제로 한다. 글쓰기는 핵심 단어를 결정하는 일로부터 시작된다. 이 단계는 트리비움의 역량 중 표현(rhetoric)의 과정인 동시에 기존의 것과 차이를 만들어 내는 과정이다. 남의 논리를 되풀이하는 것이 아닌 자신의 의견을 세워 가는 재창조의 단계다.

A.S.K. 키워드 글쓰기는 모든 글의 마중물이며 질문력, 사고력, 표현력을 키울 수 있다. 핵심 단어만 3단계를 거쳐 반복하다 보면 유대인 사고의 근간(grammar)을 이룬 정보력과 논리(logic)를 넘어 창의적인 자신만의 견해를 이야기(rhetoric)할 수 있을 것이다. 글쓰기에 정답은 없겠지만 이 방법이 하나의 해법이 되어 줄 것이다.

28

A.S.K. 키워드
글쓰기 1단계

질문으로 핵심 단어 찾기

글감 정하기: 핵심 단어 찾기
주제 정하기: 핵심 단어 정의 내리기

A.S.K. 키워드 글쓰기 1단계는 글감을 찾는 질문 단계다. 모든 글은 하나의 핵심 단어로 시작된다. 글을 잘 쓰는 사람은 '줄이기'와 '늘이기'를 잘하는 사람이다. 글쓰기에서 줄이기는 요점을 찾아 요약하는 것이고 늘이기는 한 편의 글을 쓰는 것이다. 한 권의 책도 요약, 요

점, 주제문으로 줄여 가는 과정을 거치면 결국 하나의 핵심 단어로 정리할 수 있다.

글감, 즉 핵심 단어가 정해졌다면 이것을 한마디로 정의해 본다. 정의란 핵심 단어에 대한 나의 견해며 주장이다. 앞으로 쓸 글의 중심이 될 기조요, 주제다.

이 책 《2천 년 유대인 글쓰기 비법》을 예로 들어 보자. 그 시작은 글감인 핵심 단어를 찾는 질문으로 시작된다.

질문: 무엇을 주제로 쓸 것인가?
→ 지금까지 유대인의 독서를 중심으로 한 책이 많이 쓰였으니 이번에는 글쓰기에 대해 정리해 보자.

'글쓰기'는 이 책과 글의 핵심 단어다. 책의 중심을 관통하는 주제어인 동시에 방향성을 의미한다. 핵심 키워드가 결정되면 다음 단계는 한두 문장으로 키워드를 정의한다.

질문: 유대인에게 글쓰기란 무엇이며 다른 글쓰기 방식과 차이가 있는가?
→ 글쓰기는 유대인 창의력 교육의 중요 요인이며 여러 분야에서 증명해 온 세계적인 성취의 핵심 요인이다.

글쓰기는 나만의 정의를 내리고 견해를 밝혀 가는 과정이다. 글로 정의를 내리다 보면 내 안에 정리되지 않은 정보와 논리가 많다는 것을 발견하게 된다. 정리하지 않은 것을 나는 알고 있다고 생각하며 살아가기가 쉬운데 글을 쓰는 과정에서 무엇을 알고 무엇을 모르는지 깨달을 수 있다. 이를 메타 인지라고 한다. 글을 쓸수록 희미한 나의 생각이 정리되고 명료해진다. 부족함은 채워지고 오류는 수정, 보완된다. 정리된 글은 언제든 활용 가능한 나의 지적 재산이 된다. 정리된 글이 많으면 많을수록 생각은 깊어지고 넓어져 간다.

무엇에 대해 글을 써야 할지 모를 때 자주 사용하는 일상의 어휘들에 대해 정의를 내려 보라.

29

A.S.K. 키워드
글쓰기 2단계

핵심 단어로 논리 세우기

A.S.K. 키워드 글쓰기 2단계는 핵심 단어로 논리를 세우는 단계다. 글쓰기는 생각나는 단어와 문장을 나열하는 과정만이 아니다. 자신만의 논리를 가져야 한다. 그러기 위해서는 큰 그림을 그려야 한다. 이것이 개요다. 글의 핵심 키워드가 정해졌으니 개요를 만들어야 한다. 개요는 어떻게 만들 것인가? 핵심 단어를 '주장, 논리와 증명,

강조'의 개요에 맞게 넣으면 된다.

여기에서는 '키워드 3단계 개요'를 소개한다. 가장 일반적이며 전개하기가 수월하다. 서론, 본론, 결론으로 이어지는 3단계 키워드 개요 구조는 A.S.K. 기법과도 그 흐름을 같이한다. 서론(Ask)에 핵심 주장을 담고, 본론(Seek)에 주제에 대한 논리적 설명과 예시를 더하며, 결론(Knock)에서는 요점을 정리하며 주장을 강조하는 것으로 마무리하면 된다.

이 과정을 거쳐 《2천 년 유대인 글쓰기 비법》의 3단계 핵심 키워드는 유대인의 성취, 유대인의 글쓰기를 선택했다.

《2천 년 유대인 글쓰기 비법》의 키워드 3단계 개요		
핵심 키워드 (유대인, 글쓰기)	→ 서론: 주장(배경) → 본론: 논리(①증명 ②사례) → 결론: 강조(요점)	→ 유대인의 성취 → 유대인의 글쓰기와 사례 → 임계점을 넘은 유대인

키워드 3단계 개요는 요점을 한두 문장으로 정리해 글이 전개될 방향성을 분명히 한다.

서론: 글쓰기는 유대인의 성취를 도운 핵심 요인이다.

본론: 하브루타 등의 다른 도구들도 글쓰기 없이는 의미가 없다.

결론: 글쓰기로 유대인의 트리비움 역량을 기를 수 있다.

키워드로 글의 구조, 뼈대를 세워라

핵심 키워드도 찾고 키워드 3단계 개요로 요점도 정리되었다면 그 것을 초깃값으로 하여 살을 붙여 가는 요약 글쓰기를 진행하라. 다시 강조하지만 A.S.K.가 반복될수록 뼈대에 내용 살이 늘어 갈 것이다. 여기에서 해야 할 일은 질문하고 논리를 세운 핵심 단어를 어떻게 표현할지 고민하는 것이다. 이를 반복하면 웹 페이지의 배너를 클릭할 때 새로운 창이 뜨는 것처럼 새로운 어휘, 생각이 꼬리를 물고 따라오는 것을 경험하게 될 것이다.

서론: 주장(배경) - 유대인의 성취
'사람들이 유대인의 학습 도구에 주목하고 있다. 유대인의 성취에서 글쓰기는 그 무엇보다 중요한 핵심 요인이다.'

본론: 논리(증명과 사례) - 유대인의 글쓰기
(증명) '글쓰기는 유대인의 성취의 마중물이 된 최고의 도구다. 유대인을 이야기할 때 빠지지 않는 탈무드와 하브루타, 토라

와 암송, 독서와 질문법 등 특별한 도구들을 최종적으로 표현한 것은 글쓰기다. 어떤 분야에서도 글쓰기는 빠지지 않는다. 글쓰기가 빠진 유대인의 도구들은 결코 핵심 요인이 될 수 없다. 교양과 학습 수준의 학습 도구 그 이상도 이하도 아니다.'

(사례) '우리가 알고 있는 유명한 유대인 그 누구도 글쓰기 없이 자신의 능력을 인정받은 경우는 없다. 예를 들어, 노벨상을 이야기할 때 유대인을 빼놓을 수 없다. 세계 인구의 0.2퍼센트도 되지 않는 유대인이 120년 동안 이어져 온 노벨상 수상자의 23퍼센트에 이른다고 한다. 과학계, 경제계 등 다양한 분야의 노벨상은 그들의 연구 과정을 글쓰기라는 결과물로 검증받고 인정받았다. 예술계, 법조계, 다양한 기업의 유대인들도 마찬가지다.'

결론: 강조(요점) - 임계점을 넘은 유대인

유대인의 문화 깊은 곳에 자리 잡은 학습 공동체 문화, 그중에서도 글쓰기는 그들의 특별함을 이끌어 낸 창의력의 마중물이다.

'글짓기를 하다'는 영어로 '라이트 어 컴포지션(write a composition)'으로 표현할 수 있다. composition은 짧은 에세이를 의미하기도 하지만 본래 구성 요소를 의미하는 단어다. 그림을 그리고 사진을 찍을 때 잡는 구도도 composition이다. 건물을 지을 때는 투시도와 설계도를 그린다. 사진을 찍을 때는 구도를 잡는다. 그림을 그릴 때는 밑그림을 그린다. 모두 균형이 잘 잡힌 결과물을 얻기 위함이다. 글쓰기도 마찬가지다. 좋은 글을 쓰기 위해서 글의 구조는 필수다. 좋은 글은 뼈대가 튼튼하다.

구조와 뼈대, 짜임새가 의미하는 것은 글의 통일성과 연결성, 일관성과 강조성이다. 구조가 튼튼하면 주제를 벗어나지 않고 글을 전개할 수 있다. 글의 누락과 중복, 오류를 잡아낼 수 있다. 체계적으로 글을 전개할 수 있다. 구조를 세우고 쓰는 글은 길을 잃지 않는다. 이는 목표가 분명한 사람의 여행과도 같다. 반환점이 어디인지, 위기가 어디에서 오는지 미리 아는 것과도 같다. 그럼 중간중간 어디에서 자고 무엇을 먹을지는 여행 중에 정해도 좋다. 글도 큰 얼개와 중요한 뼈대만 짜면 글이 길을 잃지도, 혼란스럽지도 않다.

글의 논리와 창의적인 견해를 함께 담을 수 있는 글의 구조와 뼈대를 디자인하라. 글쓰기의 길이 골목길이 될 것인지 고속도로가 될 것인지는 여기에서 결정된다. 구조와 뼈대 잡기는 결코 쉬운 일은 아니지만 A.S.K. 글쓰기 방법을 따라 훈련해 보라. 누구나 한번쯤 떠올려본 생각, 내 주위를 둘러 싼 모든 것 등 어떤 글감이든 가능하다. 의문

을 질문으로 만들고 질문의 여백을 글로 채우는 작업이 글쓰기임을
기억하라.

30

A.S.K. 키워드
글쓰기 3단계

핵심 단어로 마음 두드리기

> **관점 보여 주기: 핵심 단어를 상대방에게 전하기**

A.S.K. 키워드 글쓰기 3단계는 핵심 단어를 상대방에게 전하는 단계다. 글쓰기란 정보에 대한 정의 내리기다. 글은 정보에 대한 정의가 누적되어 갈수록 잘 쓰인다. 외부에서 유입된 정보는 있는 그대로 쌓이지 않고 한 사람의 기존 지식과 연결되는 과정에서 의미가 새롭게 부여된다. 정보는 정의를 내리고 구조를 만들어 참신하게 표현하

는 과정을 거치며 비로소 창조적인 지식이 된다.

인생은 수많은 일로 이루어진다. 사건과 사고, 수많은 체험과 경험으로 가득하다. 기쁜 일과 슬픈 일, 좋은 일과 나쁜 일, 인생의 생사화복과 희로애락이 우리 삶에 펼쳐진다. 서점을 채운 수많은 책에는 작가가 그 삶을 바라보고 이야기로 풀어낸 글이 담겼다. 우리는 책을 쓰진 않더라도 일상에 대한 자신만의 견해를 가져야 한다. 자신의 삶에서 일어나는 일들에 의미를 발견하고 부여해야 한다. 그 과정에 나의 내면이 정리된다. 그리고 그것이 글로 쓰여 공유되면 다른 사람들의 삶에까지 영향을 미치게 된다.

내 마음부터 긍정적으로 움직여라: 감정 노트와 감사 노트

'감정 노트'는 나를 바로 보기 위한 도구다. 나만큼 나를 잘 아는 사람은 없다지만 나만큼 나를 모르는 사람도 없다. 상대방의 마음을 움직이려면 자기 마음부터 움직여라. 자기 감정을 아는 것은 큰 도움이 된다. 화나고 짜증 나고, 괴롭고, 슬플 때가 있다. 그 감정을 표현하라. 표현하지 않으면 감정에 지배받는다. 감정의 표현은 감정의 감옥에 갇히지 않도록 우리를 이끈다. 다만 감정에는 솔직해야 하지만 그 솔직함이 다른 이들을 불편하게 하는 배설이어서는 안 된다.

감정 노트는 기쁨, 슬픔, 화, 즐거움, 부끄러움, 후회 여섯 가지 감정 상태에 대해 적는 곳이다. 내가 언제 부끄러워하고 후회하는지, 기뻐하고 슬퍼하는지에 대해 생각해 보고 글로 표현해 보라. 그 당시의 반응도 솔직하게 적어 보라. 어떤 말을 했는지, 어떤 표정으로 사람들을 대했는지 나의 감정과 반응을 생각하며 적다보면 자연스럽게 그 순간을 객관적으로 바라보게 된다. 추상적으로 쓰지 말고 구체적으로 기록하라. 겪었던 사건과 사고, 감정 표현의 순간들을 찾아 기록하라. 일상을 돌아보자. 하루에도 수많은 감정에 휩싸이고 수없이 반응하며 살아간다.

인간이 변화하는 계기는 큰일만이 아니다. 일상에 작은 변화를 주고 그것이 지속되어 갈 때 큰 변화도 찾아온다. 감정 노트는 글쓰기 연습을 위한 노트에 머물지 않을 것이다. 유대인의 조상들이 표현했던 기쁨과 슬픔, 기대와 두려움 등의 감정은 그들을 지배하지 않았다. 슬픔은 기쁨으로, 두려움은 소망으로 바꾸는 계기로 만들었다. 이런 의미에서 감정 노트는 글쓰기를 위한 글감을 넘어 삶을 지탱해 주는 도구가 되어 줄 것이다.

나의 감정을 유발한 핵심 단어를 찾아 두드려 보라. 분량은 크게 중요하지 않다. 한두 줄의 사건과 감정 기록일수도, 긴 글의 복잡한 감정일 수도 있다. 중요한 것은 관찰과 평가, 기록을 지속하는 것이다. 감정 노트가 쌓이면 자신을 객관적으로 볼 수 있다.

'감사 노트'를 쓰는 것은 매일 다른 것을 감사해야 한다는 부담감이 생길 수도 있어서 쉬운 듯 어려운 작업이다. 매일 같은 제목을 적어서도 안 되겠지만 진심이라면 문제없다. 감사 노트의 목표는 두 가지다. 첫 번째는 글쓰기 훈련과 연습, 두 번째는 유대인의 정신과 마음을 살피고 닮아 가는 노력이다. 유대인의 모든 것을 닮을 필요는 없다. 다만 고난과 고통의 세월 속에서 참고 견딘 그들의 긍정적인 태도는 우리의 것으로 삼을 필요가 있다.

감사한 일을 찾아 기록할 때는 영역별로 키워드를 정리하는 것이 요건이다. 첫 번째 Ask 단계에서는 감사의 영역을 찾아 키워드로 정리한다. 앞에서도 살폈듯이 모든 키워드는 생각의 마중물 역할을 한다. 감사를 구체적인 글로 적기 전에 감사의 영역을 나누어 보자. 정치, 문화, 경제, 종교, 배움과 같은 큰 단위의 키워드도 좋다. 단위를 좀 더 줄인다면 교통, 주택, 친구, 자녀, 가정, 건강, 학교 등으로 세분화할 수 있다. 마찬가지로 해당 영역에 뒤따르는 작은 키워드들이 있다. 누군가는 '이런 주제들이 감사할 제목들이 되는가!' 생각할 수 있다. 하지만 이러한 태도가 바로 유대인들의 삶에 스며들어 있다.

스스로 '히브리인 중의 히브리인'이라 칭한 사도 바울은 고백한다.

"범사에 감사하라." (데살로니가전서 5:18)

테힐림을 비롯한 유대 경전의 핵심 또한 '감사'다. 고난과 역경이 가득하지만 삶에서도 감사의 조건을 찾았다. 로마로부터 이스라엘이 멸망한 이후 2천 년을 디아스포라 민족으로 떠돌았음에도 그들은 믿음을 잃지 않고 감사했다. 테힐림(시편) 중 솔로몬 시대의 악장(樂匠) 아삽은 고백한다.

"감사로 하나님께 제사를 드리며 지존하신 이에게 네 서원을 갚으며 환난 날에 나를 부르라 내가 너를 건지리니 네가 나를 영화롭게 하리로다." (테힐림 50:14-15)

"감사로 제사를 드리는 자가 나를 영화롭게 하나니 그의 행위를 옳게 하는 자에게 내가 하나님의 구원을 보이리라." (테힐림 50:23)

감사 노트를 통해 유대인의 긍정적인 태도가 내 것이 되도록 연습해 보라. 여기에서는 현대 사회의 교통 수단 5가지에 대한 감사의 마음을 표현했다. 감사 노트를 통해 생각하는 능력을 훈련하고 일상을 되돌아보며 고마워하고 미래를 그려 보는 시간을 누려 보자.

- 교통수단: 지금은 흔하지만, 몇십 년 전만 해도 대중교통이 발달되어 있지 않았다. 지역 내에서는 물론이요, 다른 지방으로의 이동은 큰 결심이 필요한 일이었다. 어느 시대나 교통수단은 보

통 사람들에게는 주어지지 않는 특정 계층의 특권이었다. 시대가 변하고 발전되며 기술자와 근로자들의 수고가 더해져 교통수단은 우리 모두의 것이 되었다. 이전에는 생각할 수도 없던 오늘의 당연한 일상에 감사한다.

- 1일 생활권: 나는 여행을 좋아한다. 최근 20년간 35개국을 여행했고 국내 여행도 자주 기회를 만들어 다니는 편이다. 도보 여행이 좋다지만 교통 없이 장거리 여행은 어렵다. 무엇보다 고속철과 비행기가 보편화된 후 전국은 물론이요, 전 세계가 1일 생활권이 되었다. 진정한 지구촌 시대를 살고 있다. 평범하지 않은 여행을 선물한 오늘의 교통 환경에 감사한다.

- 자가용: 가족이 한 차를 타고 다닐 때가 많다. 여행은 물론이고 마트에 가는 길도 마찬가지다. 몇십 년 전만 해도 대중교통은 물론 자가용은 생각할 수도 없었다. 이제는 어느 가정이나 차를 소유하는 것이 크게 어렵지 않은 시대가 되었다. 가족의 행복한 일상을 이어 가는 데 감사하며 이후로도 지속되기를 바란다.

- 평화: 2020년대 70세 이후 세대는 전쟁을 경험하지 않은 세대다. 역사의 기록과 매체에서 들려오는 세계의 전쟁 소식은 언제

나 공포와 고통을 준다. 전쟁이 나면 교통 시설을 파괴해 군대와 국민의 이동을 막는 것이 기본이다. 전쟁이 없는 평화에 대한 감사가 과장되게 느껴질 수도 있겠지만 나는 평온한 일상이 당연히 주어지는 것이라 생각하지 않는다. 우리가 그렇게 욕하는 정치인, 나이 어린 군인들이 주축이 된 군대가 연약해 보이지만 그 모든 것이 하나가 되어 오늘 우리나라 대한민국의 일상이 가능한 것이다. 유대인 사도 바울은 제자에게 편지로 교훈을 전한다.

"임금과 높은 지위에 있는 모든 사람을 위하여 기도하라."

모든 것이 자기 자리를 지킬 때 고요함과 평안한 생활이 가능하기 때문이라고 이유를 설명한다. 오늘도 평화롭게 살아갈 수 있어 감사하다.

• 편리성: 부모님은 80세 후반이지만 여전히 건강하다. 모든 일이 감사하고 100세까지 거뜬하다고 말하신다. 하나 불편한 것은 운전을 못하니 이동에 어려움이 있다는 이야기를 자주 하신다. 곧 보편화될 자율 주행차의 소식을 전해들으시고는 '그런 차가 나오면 바로 한 대 사겠다'고 하신다. 그러면 아직 가 보지 못한 곳들도 여행하고 세계 여행에도 어려움이 없을 거라며 기대하시는 눈치다. 부모님이 편리하고 안전하게 자율 주행차를 타고

여행할 날이 오기를 기대해 본다.

어릴 적 한 친구가 나에게 질문을 던졌다.

"너는 싸움 많이 해 봤나?"

"아니!"

"내가 싸움 잘 하는 법 알려 줄까?"

"그런 방법이 있나?"

"한 놈만 패라. 여러 명하고 싸워도 한 놈만 정해 놓고 그놈과만 죽어라 싸워라!"

"그러면 다른 아이들이 가만 있지는 않을 텐데?"

"그래. 몰매 맞을 수 있지. 중요한 것은 내가 깡이 좋은 놈이라는 사실을 다른 놈들에게 알려 주는 거야. 싸움은 기술이기 이전에 깡이거든. 깡이 있는 사람은 아이들이 쉽게 건들지 못한다."

글쓰기와 전혀 상관없는 주제인 듯하나 이 대화의 핵심은 글쓰기와 맞닿아 있다. A.S.K. 키워드 글쓰기의 목표는 생각의 훈련이며 주제에 집중하는 것이다. 하나의 핵심 단어가 4개에서 8개로 또 16개의 키워드로 확장되어 가며 진행되는 생각의 확장이 글쓰기에서 가장 중요한 과정이다. 생각을 확장하며 표현하는 것도 중요하지만 주제에서 벗어나지 않으며 일관성을 유지하는 일 또한 글쓰기에서 중요하다. A.S.K. 키워드 글쓰기는 이 두 가지를 훈련하는 좋은 도구가 된다.

이제 필요한 것은 홀로 있는 자리에서의 연습이다. 진보를 꿈꾼다면 연습을 지속하라. 반복에 반복을 거듭하는 가운데 유대인의 글쓰기는 일상이 되어 큰 변화를 이루는 계기가 되어 줄 것이다.

31

핵심 단어를 찾는 것이
가장 문제라면?

20분 브레인스토밍

한 가지 방법으로 20분간 시간을 정해 놓고 브레인스토밍을 해 보
자. 다음은 실제로 20분 동안만 다양한 영역의 글감을 기록한 것이
다. 시간을 정해 놓고 알람을 설정한 후 정리한 자료이기에 누락된
영역이 더욱 많을 것이다. 키워드와 문장은 퇴고하지 않은 원본 상태
그대로를 옮겨 놓았다. 20분 동안 작성한 글감을 통해 이야기하고 싶

은 것은, 우리 주변에 글감이 가득하다는 사실이다.

- 학교: 친구, 시험, 성적표, 좋아하는 선생님, 가장 재미있는 수업, 학교와 관련한 다양한 에피소드….
- 육아: 교육관, 육아의 기쁨, 좌절감, 육아 중 부부 갈등, 우울증, 경력 단절, 워킹맘, 육아비, 아이가 잠든 시간, 아이의 먹거리, 육아하며 새롭게 보이는 것들, 부모가 된다는 것, 육아 일기….
- 여행: 여행 에피소드, 여행 중 만난 사람들, 숙박 시설(호텔, 민박, 에어비앤비 등), 방문한 도시의 역사 이야기, 여행지의 시장, 여행지의 날씨, 교통수단, 여행지의 낮과 밤 문화….
- 운동: 다이어트, 몸매, 개인 운동, 단체 운동, 체육관 운동, 홈트, 운동 중독, 운동과 먹거리, 운동 시간, 지속성, 작심삼일, 운동과 돈, 몸을 헤치는 운동, 운동과 심리, 삶의 원동력….
- 사랑: 이성 친구, 남성과 여성의 매력, 외모와 마음, 이상형, 이별, 이별의 슬픔, 사랑이 시작된 순간의 이야기, 고백과 거절, 부모님의 사랑, 왜곡된 사랑, 첫사랑, 사랑과 우정, 사랑과 성 이야기, 콩깍지 이야기, 변심, 양다리, 사랑과 자존심, 소개팅과 맞선, 사랑과 그리움, 연애와 결혼….
- 역사: 역사 인물, 역사적인 장소, 서양 역사, 동양 역사, 한국사, 역사의 의미와 가치, 슬픈 역사, 자랑스러운 역사, 치욕의 역사,

역사적인 사진, 역사를 기억하는 것과 잊는다는 것….

- 반려동물: 반려동물 입양, 반려 동물 관리자의 에티켓, 비매너 사례, 반려 동물로서의 개와 고양이, 반려동물과 돈, 실외에서 키우기와 실내에서 키우기….

- 문화·예술: 공연장 관람기, 지역 차이, 프로와 아마추어, 코로나와 문화 예술, 하는 것과 보는 것, 박물관/미술관 관람기, 좋아하는 작품 이야기, 좋아하는 예술가 이야기, 논쟁거리, 예술과 외설….

- 이동 수단: 지하철, 택시, 자가용, 전동 퀵보드, 자전거, 뚜벅이의 추억, 외국에서의 교통 시스템 이용기….

- 정치: 선거와 투표, 존경스러운 정치인, 부끄러운 정치인, 국민과 정치 참여, 관심과 무관심….

어떻게 지나가는 경험을 글로 붙들까

베네치아 공화국 출신의 상인 마르코 폴로는 27년간 아시아, 아프리카, 중동의 수많은 나라를 여행한다. 그의 여행기는 《동방견문록》으로 출간되었고 당시 유럽인에게 큰 호응을 얻었다.

빅터 프랭클은 아우슈비츠 수용소에서의 경험을 《죽음의 수용소에서》로 남겼다. 수용소 안 수감자들을 보며 인생의 의미에 대해 고민하고 어떻게 살아야 하는가에 대한 고찰을 기록으로 남겼다. 1946년에 출간된 이 책은 수십 개국의 언어로 번역되었고 1억 권 이상 팔린 스테디셀러로 지금까지 사랑받고 있다.

어니스트 헤밍웨이는 스페인 내전에 참가한 경험을 바탕으로 《누구를 위하여 종을 울리나》를 쓰게 되고 이 책은 세계적인 베스트셀러에 등극한다. 조지 오웰의 작품들도 마찬가지다. 스페인 내전 시 싸운 경험과 스탈린주의와 그 옹호론자들과의 정치적인 대립을 경험하지 못했다면 《동물농장》, 《1984》, 《카탈루냐 찬가》 같은 작품은 세상에 빛을 발하지 못했을 것이다.

러시아의 솔제니친은 어떠한가. 독재자 스탈린을 비판한 글이 문제가 되어 8년간 강제 노동 수용소에서 생활해야 했다. 수용소를 나와서도 3년간 유배를 당하며 감시와 억압으로 고통받아야 했다. 고난이 사람을 철 들게 한다고 했던가. 그 고통의 세월을 보내며 쌓은 깨달음과 독서력은 유배를 마치고 중학교에서 교사로 재직하게 되면서 시작한 그의 글에 고스란히 담겨 세상에 소개되었다.

정약용의 둘째 형 정약전은 흑산도에 유배 생활 중에 《자산어보》를 저술한다. 당시의 유배 생활이란 생존 자체도 힘들었다. 생계를 스스로 유지해야 했던 그는 섬을 둘러싼 바다를 오가며 바다 생물에 대해 관심을 갖게 되었다. 관심은 관찰로 이어졌고 글과 그림을 덧붙여 우리나라 최초의 어류 도감을 저술하기에 이른다.

무엇에 대해 써야 할지 고민되는가? 글의 콘텐츠는 멀리 있지 않다. 일기, 보고서, 사업 계획 등등 자신의 일상 모든 것이다. 앞서 예로 든 사람들은 자신의 일상의 경험을 세계적인 글로 나타낸 이들이다. 글쓰기의 소재는 멀리 있지 않다.

자문자답으로 생각 스트레칭하기

경험만 글감이 되는 것은 아니다. 지나가는 모든 생각도 훌륭한 핵심 단어가 될 수 있다. 사소한 주제들에 대해서도 나의 생각을 논리적으로 표현해 보라. 서점과 도서관을 가득 채운 책들도 마찬가지다. 어떤 주제에 대한 작가들의 생각을 논리적으로 풀어낸 것이다. 입장과 견해가 다르지만 그 모든 생각은 나름대로 가치 있다. 진지한 생각만 중요한 것이 아니다.

다음의 질문을 받으면 어떤 생각이 드는가? 그것을 기록하면 된다.

- 오늘의 나를 만든 것들은 무엇인가?

- 현시대 최고의 이슈는 무엇인가?
- 세계의 문제들 가운데 해결되지 않은 문제는 무엇인가?
- 해결되지 않은 문제들 가운데 나로 인해 해결될 수 있는 것은 무엇인가?
- 나의 일상 중 아직 미해결된 과제는 무엇인가?
- 내가 해결할 수 있는 것과 해결하기 힘든 것은 무엇인가? 왜 그것은 가능하며, 또는 불가능한가?
- 오늘 나를 대표하는 콘텐츠는 무엇인가?

이때 양은 중요하지 않다. 한 줄이어도 좋고 두 줄이어도 좋다. 생각도 훈련이 필요하다. 생각의 스트레칭이 그래서 중요하다. 훈련된 생각과 훈련되지 않은 생각의 차이는 결코 작지 않다. A.S.K. 키워드 글쓰기는 목적이 있는 글에 바로 사용할 수 있지만, 지속적인 글쓰기가 우선되어야 한다. 그런 이들의 글쓰기가 진보한다.

간단한 질문부터 하고 답해 보자.

- 나는 좋아한다! (무엇을?)
- 나는 슬프다! (왜?)
- 나는 기대된다! (무엇이?)
- 나는 원한다! (무엇을?)

- 나는 하고야 말 것이다! (무엇을?)

- 나는 이것만은 하고 싶지 않다! (무엇을?)

- 나는 갖고 싶다! (무엇을?)

- 나는 가고 싶다! (어디로?)

- 나는 후회해! (무엇을?)

- 나는 그것이 정말 싫다! (무엇이?)

- 다시는 하고 싶지 않다! (무엇을?)

지나가는 모든 것이 글감이다. 의문을 질문으로 만들고 질문 뒤 여백을 글로 채우는 작업이 글쓰기다. 다시 강조하지만 글쓰기를 잘하는 최고의 방법은 지금 쓰는 것이다. 그리고 꾸준히 하는 것이다. 무엇에 대해 쓸지 고민하지 마라. 멀리서 찾을 필요 없다. 가까운 곳에서 찾아라. 매일 내 곁을 스쳐 가는 의문과 질문에 자신만의 댓글을 달라.

유대인의 성취는 어느 특별함에서 비롯되지 않았다. 사람들이 생각하는 것처럼 신비한 성취 요인은 존재하지 않는다. 그들의 일상에서 반복된 것들이 오늘날의 유대인을 만들었다. 그 핵심 요소가 글쓰기다. 그들을 책의 민족이라 부르는 것은 책을 읽는 민족이기 때문만이 아니다. 끊임없이 글을 쓰고 책을 쓰는 민족이기 때문이다.

지금 당신의 머릿속에 떠오른 그 생각을 글로 옮겨라. 이 단계에서 가장 중요한 것은 내 생각을 종이 위에 옮기는 행위를 멈추지 않는 것이다. 그것으로 충분하다.

32

핵심 단어는 찾았는데
관점이 없다면?

관점은 중요하다. 자신의 관점에 따라 세상을 보고 문제를 판단하기 때문이다. 그래서 같은 사건도 다르게 표현한다. 각자가 가진 감성과 경험치가 다르기 때문이다. 같은 것을 달리 바라보게 하는 것이 관점이다. 이때 주의해야 하는 것은 '나의 관점에 고정 관념이 있는가'다. 고정 관념이 강할수록 놓치는 부분도 많아지고 커진다. 관점만 바꿔도 전혀 다른 이야기를 만들어 낼 수 있다.

지나가는 경험과 생각을 붙들고 글을 써야 한다는 것에는 누구나

동의한다. 문제는 관점이 약하다는 것이다. 그러니 글을 쓰려고 하면 생각이 멈춰 버린다. 눈앞이 캄캄하다. 이는 한두 사람의 고민은 아니다. 글을 쓰려고 마음먹은 누구나에게 찾아드는 어려움이다. 어떻게 해야 할까? 굳은 생각을 유연하게 하는 것은 그리 어려운 일이 아니다. 단 한두 번의 실행이 아닌 지속성이 중요함을 기억하라.

내 생각에 인공호흡하기: 유튜브

유튜브가 대세다. 각 분야 전문인가 유튜브로 몰려든다. 방송 매체, 언론 매체도 새로운 소통의 장인 유튜브에서 주도권을 잃지 않기 위해 다양한 노력을 하고 있다.

몇 년 전만 해도 궁금한 것이 있으면 네이버나 구글에 묻는 이가 많았다. 이제는 유튜브에 묻는다. 질문의 분야도 방대하다. 포털 사이트에서는 텍스트로 답해 주었다면 유튜브는 동영상으로 답해 준다. 방법과 기술을 설명해 주는 것을 넘어 직접 보여 준다. 유튜브는 세상의 모든 주제를 담을 기세다. 어떤 질문을 던져도 유튜브는 그것에 답할 준비가 되어 있다.

나는 글을 쓸 때 유튜브에서 마중물 생각을 얻곤 한다. 생각 호흡법으로써의 유튜브 활용법은 2가지다. 첫째, 내 글의 완성도를 높여 가

기 위한 '쓰기 활용법'과 둘째, 글감을 유튜브에서 얻는 '소스 활용법'
이다.

첫째, 내 글의 완성도를 높이기 위한 글쓰기 활용법

일단 쓰고자 하는 주제를 A.S.K. 단계로 구조를 세우고 글을 쓴다.
자신의 생각이 닿는 지점까지 초고를 진행한다. 더 이상 생각이 나지
않고 글이 써지지 않을 때 글의 핵심 키워드를 유튜브에 검색한다.
관련 영상을 보며 나의 글을 살펴본다. 글의 전체상과 구조를 설명하
기 위한 구성 키워드를 살핀다. 내가 이미 생각하여 글로 정리한 중
복 메시지는 거른다. 영상의 정보를 보며 내 글의 전체상, 구조, 설명
에 누락된 요소는 없는지 점검한다. 나의 주장과 다른 의견을 살피고
논리를 점검한 후 발견한 정보를 기존 정보와 연결해 가며 사고를 전
개하면 된다.

사람의 사고 과정은 의외로 단순하다. 새로운 키워드, 정보가 들어
오면 의지와 상관없이 생각이 난다. 수용한 정보의 양과 질에 따라
새로운 사고의 길이 열린다. 생각은 아무리 하려고 해도 한계에 다다
르면 나지 않는다. 생각은 '하는' 것이라기보다는 '나는' 것이다. 생각
을 쥐어짜는데도 나지 않을 때는 생각을 멈추고 새로운 정보를 받아
들여야 한다.

사고의 한계를 넘어서는 순간은 '하나의 단어'로부터 시작된다. 내

가 생각지 못했던 단어, 문장을 만나는 순간 나의 기존 지식과 연결되며 새로운 생각이 떠오른다. 단, 같은 정보가 수용되었다 할지라도 학습자의 사고 역량, 초깃값에 따라 사고의 질과 양에는 차이가 날 수밖에 없다.

둘째, 처음부터 유튜브에서 글감을 모으는 방법

나의 경우 새로운 분야에 대한 글을 쓸 때 유튜브를 자주 활용하여 주기적으로 지금까지 써 본 적이 없는 분야에 대한 글을 작성한다.

예를 들어 인공 지능에 대한 글 한 편을 쓴다고 하자. 먼저 해야 하는 일은 '인공 지능'을 검색해 짧은 영상 클립을 수십 개를 본다. 긴 강의 영상보다는 요약 형태의 짧은 영상을 선호한다. 찾은 영상은 순차적으로 시청한다. 나의 경우 속도를 설정해 1.75~2배의 속도로 본다. 시청이 목적이라기보다 인공 지능을 설명하는 다양한 키워드를 찾는 리서치 과정이라 생각하면 된다.

새로운 분야라도 새로운 어휘, 문장, 정보가 들어오면 어떤 생각이든 나게 되어 있다. 사람마다 기존 지식, 사고 체계와 역량의 차이가 있겠지만 그것을 초깃값으로 자신의 견해를 기록하면 된다. 이때 쓰는 글은 새로운 분야의 마중물 글이기에 질보다는 유연한 사고로 초고를 완성하는 데 집중해야 한다.

가장 중요한 것은 다양한 키워드를 확보하는 것이다. 모아 놓은 키워드로 구조를 만들고 생각을 전개하며 글을 쓰면 된다. 쓸거리가 떨어지고 생각이 나지 않으면 첫 번째 유튜브 활용법으로 자료를 모아가며 생각을 펼치면 된다.

물론 새로운 정보, 설명을 위한 논리적인 체계를 잡을 때는 책만큼 중요한 것이 없다. 다만 생각을 훈련하는 과정에서 누구나 쉽게 접할 수 있는 유튜브를 활용하는 것은 이전에는 없던 새로운 기회임에 분명하다. 유튜브를 활용한 생각 호흡법으로 글쓰기에 도전해 보라. 새로운 지식과 기존 지식이 만나며 터져 나오는 생각의 조각들을 마주하게 될 것이다.

내 생각에 인공호흡하기: 책 제목, 목차, 카피

나는 글감이 떠오르지 않을 때면 도서관과 서점을 찾아간다. 책의 제목과 목차를 살피기 위함이다. 서가에 꽂힌 책등의 제목과 목차를 살펴보는 데 대부분의 시간을 쏟는다. 1시간을 돌아다니면 적게는 30권, 많게는 40권의 목차를 살펴볼 수 있다. 키워드를 찾거나 아이디어를 얻기 위해서 제목만을 훑어볼 때면 많게는 2,000권 이상도 볼 수 있다.

책의 제목과 목차는 아무렇게나 정하는 것이 아니다. 책을 쓰기 전

기획 단계에서 책의 뼈대를 세우고 확인하는 가운데 목차가 완성된다. 본문을 쓰는 가운데도 목차는 수시로 조정되고는 한다. 책의 본문 쓰기를 마치고 출판 작업에 들어간 뒤 가장 마지막에 하는 작업이 책 제목을 정하는 일이다. 작가와 편집자, 마케팅을 담당하는 이들이 머리를 맞대고 아이디어를 주고받는다. 책의 특징을 가장 잘 반영한 제목, 독자들에게 어필할 제목을 만들기 위한 노력이다. 제목을 정하는 과정에서 작가와 출판사가 줄다리기를 하기도 한다. 그런 고민과 갈등의 과정을 통해 결정된 것이 책의 제목이다.

목차를 살피면 내 기억 속 정보와 만나 새로운 생각들이 하나둘 떠오른다. 제목을 살필 때도 마찬가지다. 한 번도 떠올려 본 적이 없는 새로운 아이디어가 넘쳐난다. 도서관에 꽂힌 무수한 책의 제목과 목차는 최고의 생각을 위한 마중물 카피다.

글을 쓰려고 하는데 생각이 나지 않아 답답한가? 책을 읽기에는 시간이 부족한가? 필기구와 메모장을 들고 도서관과 서점으로 생각 산책을 다녀오라. 1시간이면 충분하다. 책들의 제목과 목차를 살펴라. 상상하지도 못했던 아이디어와 글감이 샘솟을 것이다. 그것을 받아 적어 가며 자신의 글감 노트를 채워 가라. 생각이 새로운 정보와 어휘를 받아들이는 것으로부터 온다는 것을 깨닫기만 해도 생각 호흡법의 가치를 깨닫게 될 것이다.

내 생각에 인공호흡하기: 한 발 떨어져서 보고 대상화하기

이 두 가지 방법으로 얻은 새로운 관점은 내가 선 곳에서 잠시 떨어져 보아야 한다. 드론을 띄워 보는 마을의 모습은 세부적인 것은 보이지 않지만 전체는 한눈에 보인다. 나무를 가까이에서는 자세하게 관찰할 수 있지만 숲을 보기 위해서는 약간의 거리를 둬야 한다. 마치 드론을 띄우는 것과 같다. 그럼 사물과 현상, 가치가 새롭게 해석되고 미래가 보이기 시작한다.

나는 글을 쓸 때마다 김춘수 시인의 시 〈꽃〉을 떠올리곤 한다.

'내가 그의 이름을 불러주기 전에는

그는 다만 하나의 몸짓에 지나지 않았다.

내가 그의 이름을 불러주었을 때

그는 나에게로 와서 꽃이 되었다.'

글쓰기가 바로 그렇다. 대상의 이름을 불러 주는 것이요, 의미를 부여하는 과정이다. 글을 쓰기 전에는 대상에 관심을 가져야 하고 자세히 살펴야 한다. 그럴수록 대상을 잘 알게 되고 어느 순간 나에게 유의미하게 바뀐다.

문제는 글감이다. 앞에서도 살펴보았듯이 많은 이가 글감으로 고민한다. 무엇을 써야 할지 고민만 하고 글쓰기는 진행되지 않는다. 다시 강조하지만 글감이 특별할 필요는 없다. 거창한 것만이 글쓰기의 글감은 아니다. 내 주변에 있는 평범한 것을 글감으로 삼으면 된다. 그것들의 이름을 불러 주고 다른 시각으로 살펴보기만 해도 충분하다.

33

글의 분량을
늘리고 싶다면?

앞서 A.S.K. 키워드 글쓰기 공식을 익혔다. 이 3단계 공식을 활용하여 십진분류법을 활용한 탈무드식 글쓰기에 대해 살펴보려 한다. 이 방법을 적용하면 멋진 문장의 글은 아니지만 많은 분량의 글쓰기는 그리 어렵지 않다. 형식에 구애받지 말고 유연한 생각으로 종이 위에, 컴퓨터 속 페이지에 글을 채워 가는 것을 목표로 한다.

유대인에게 탈무드는 종교적 경전인 동시에 일상에서의 백과사전이다. 토라를 중심에 놓고 세상의 모든 주제와 연결짓는 백과사전식

지식 탐구는 유대인에게 다양한 주제에 대해 관심을 갖게 하는 마중물이 되었다. 도서관의 십진분류법은 문헌 정보 학자들이 세상의 모든 지식을 분류하기 위해 만든 분류 체계다. 문헌 정보 학자들의 십진분류법과 유대인의 탈무드는 공통점이 있다. 다양한 세상의 지식, 주제를 담아내는 큰 그릇으로서의 역할을 한다는 것이다. 십진분류법을 활용하면 독서를 통한 지식 탐구는 물론이요, 글감을 찾아가며 생각의 지평을 넓히는 데도 큰 도움을 얻을 수 있다.

방대함으로 본다면 도서관의 십진 분류는 탈무드의 분류 체계보다 더 크고 넓으며 깊은 주제를 포괄한다. 한마디로 세상의 모든 주제를 담은 최고의 글감 사전이라고 할 수 있다. 모든 영역의 지식을 습득하자는 뜻이 아니다. 글감이 우리 주변에 얼마나 깊고 넓게 퍼져 있는지를 알기만 하면 경직된 생각에서 벗어날 수 있다.

탈무드식 십진분류 글쓰기

십진분류법의 체계 중 최상단 분류는 '총류, 철학, 종교, 사회 과학, 자연 과학, 기술 과학, 예술, 언어, 문학, 역사'로 나뉜다. 이 10가지를 첫 번째 핵심 키워드로 삼으면 된다.

십진분류의 10가지 분류 체계는 각각 하부에 9개씩의 강목(綱目)을 가지고 있다. 예를 들어 300 사회 과학에 대한 이야기를 쓴다면 정치, 경제, 사회, 법과 행정, 교육과 국방에 대한 내용들도 그 이야기의 글 감이 될 수 있다.

십진분류표

000	100	200	300	400	500	600	700	800	900
총류	철학	종교	사회 과학	자연 과학	기술 과학	예술	언어	문학	역사
도서학	형이상학	비교 종교	통계	수학	의학	건축	한국어	한국 문학	아시아
문헌 정보학	인식론	불교	경제학	물리학	농업	조각 조형	중국어	중국 문학	유럽
백과사전	철학 세계	기독교	사회학	화학	토목 환경	공예 장식	일본어	일본 문학	아프리카
강연 수필	경학	도교	정치학	천문학	건축 공항	서예	영어	영미 문학	북미
연속 간행물	동양 철학	천도교	행정학	지학	기계 공학	회화 디자인	독일어	독일 문학	남미
단체 기관	서양 철학		법학	광물학	전기 통신	사진 예술	프랑스어	프랑스 문학	오세아니아
신문 잡지	논리학	힌두교	교육학	생명 과학	화학 공학	음악	스페인어	스페인 문학	양극 지방
일반 전집	심리학	이슬람교	풍속 예절	식물학	제조업	공연 매체	이탈리아어	이탈리아	지리
향토	윤리학	기타 종교	국방	동물학	생활 과학	오락 스포츠	기타 제어	기타 문학	인물 전기

강목의 분류 체계 하나하나도 큰 주제이므로 강목 100가지 주제는 각각 하부에 9개씩의 요목 주제를 가지고 있다. 이렇게 십진분류의 요목 주제는 총 1,000가지로 정리되어 있다. 100가지 강목 중 사회 과학의 330 사회학을 예로 든다면 하부에 7개의 분류 주제가 제시된다. 단, 도서관의 분류 체계에서 330 사회 과학의 요목 333과 336은 공란으로 남겨진 상태다.

330 사회학	331	332	333	334	335	336	337	338	339
	사회학	사회 조직	-	사회 문제	생활 문제	-	여성 문제	사회 복지	사회 단체

십진분류 체계의 요목 1,000가지 주제는 각각의 주제마다 수천 개씩의 세목 주제들을 포괄한다. 예를 들어 330 사회학의 요목 주제를 다음과 같이 정리해 보았다.

- 331 사회학: 여론, 군중 심리, 인구 감소, 출생 사망, 세대 차이, 이민, 재해 재난, 미래학, 소통⋯
- 332 사회 조직: 가족 문제, 결혼, 이혼, 재혼, 맞벌이, 독신 가구, 부모 자녀, 형제 관계, 사회 신분⋯
- 334 사회 문제: 사회 보장, 빈곤 문제, 동성애, 범죄 문제, 음주 문제, 식품 위생, 아동 학대, 자살 문제, 마약 흡연⋯

- 335 생활 문제: 농촌 문제, 도시 생활, 여가 취미, 식량 문제, 영양 결핍, 주택 정책, 주택 문제, 소비자 문제, 소비자 보호…
- 337 여성 문제: 여성학, 페미니즘, 양성 평등, 여성 권리, 법적 지위, 각국 여성, 성 정체성, 여성의 직업, 남성학…
- 338 사회 복지: 사회 사업, 사회 보장, 재해 구호, 장애인 복지, 소년 가장, 고아원, 입양, 노인 복지, 국가 유공자…
- 339 사회 단체: 애국 단체, 사회 클럽, 동향인 단체, 여성 단체, 보이 스카우트, 걸 스카우트, 폭력 단체, 비밀 결사, 기타 단체…

십진분류 체계가 총류 10가지, 강목 100가지, 요목 1,000가지 주제로 확장되고 수천수만의 하부 세목으로 확장되는 프로세스는 정확히 A.S.K. 키워드 글쓰기가 추구하는 생각의 확장 프로세스와 맞닿아 있다. 3단계 글쓰기 방법이 주제와 관련지어 체계적으로 분류하는 것을 목표로 한다면 탈무드식 십진분류 글쓰기는 체계를 만들기 이전에 키워드 확장을 목표로 한다.

예를 들어 300 사회 과학의 강목 330 사회학, 그 하부 요목으로서의 331 사회 과학 중 미래학을 글쓰기 핵심 키워드로 정해 보자. 그때 제일 먼저 해야 할 일은 구조를 잡는 일이 아니다. '미래학'이라는 메인 키워드를 A.S.K. 원리에 따라 질문과 생각을 반복하며 관련 있는 모든 키워드를 찾아 모으는 일이다. 미래학에 대하여 브레인스토밍을 하는 것이다. 다음은 미래학과 관련된 키워드를 정리한 것이다.

핵심 키워드: 미래학

일, 성장, 변화, 소멸, 창조, 일자리, 창업, 국가 패권, 경제 구조, 부동산, 인구 변화, 미래 기술, 신기술, 일의 방식, 미래 산업, 교육, 미래 능력, 인공 지능, 인간 지능, 미래 예측, 통찰, 분별력, 사실 인지, 창의, 연결성, 인지 역량, 지속 가능, 원천 능력, 빅데이터, 트렌드, 바이오 산업, 의료 헬스, 환경, 에너지, 재생 에너지, 해양, 미래 전략 기구, 로봇 윤리, 무인 시스템, 무인 운송, 직업 연장, 화석 연료, 탄소 재료, 인공 신경망, 예측력, 대응력, 원격 근무⋯

만일 어떠한 글을 써 나가기 전에 이 정도의 키워드를 찾아낼 수 있다면 글쓰기는 그리 어려운 과정이 아닐 것이다. 하나하나의 키워드는 또 다른 스토리를 품고 있기에 글 쓰는 사람은 이 단어들을 연결하며 자신의 생각을 표현하면 된다. 그다음 중요한 것이 구조다. 자신의 생각을 바로 담아내기 위해서는 잘 짜인 구조가 있어야 한다. 이 단계에서는 구조와 상관없이 찾아 모든 어휘를 연결하며 글을 전개하라.

다시 강조하지만 생각은 한다고 나는 것이 아니다. '생각 좀 하라'고 이야기하지만 생각을 해도 나지 않아서 힘든 법이다. 그때 생각을 하려 하지 말고 관련 있는 키워드가 무엇인지 질문을 던지며 키워드를 찾는 일에 성공하라. 찾은 키워드를 주제와 연결하는 순간 새로운 생각이 들기 시작한다. 키워드가 담고 있는 스토리뿐 아니라 나의 기억 창고에 잠자고 있던 정보가 연결되며 생각으로 드러나게 되어 있다. 키워드 브레인스토밍을 통해 생각을 훈련하는 이들에게 글쓰기는 삶의 무기가 되어 줄 것이다.

34

질문력을 높이는
탈무드식 글쓰기

    탈무드는 유대 경전인 구전 토라를 중심에 두고 나누는 생각의 향연이다. 신의 명령을 삶의 실천으로 옮기기 위한 고민의 과정이다. 그 과정을 통해 삶의 원칙이 세워졌고 공동체의 문화가 자리 잡아 갔다. 우리가 기억해야 하는 것은 처음부터 원칙으로서의 규율이 있던 것은 아니라는 사실이다. 신의 언어에 대한 다양한 해석, 의견의 나눔이 진행되었다. 서로 다른 생각들이 부딪혀 가며 하나 둘 공동체의 원칙들이 세워져 갔다.

탈무드 식 글쓰기를 일상에 적용하기 위해 필요한 것은 질문이다. 삶에 대한 다양한 질문이 던져져야 한다. 질문에 답하며 생각이 정리되고 의견이 세워져 간다. 질문을 활용한 탈무드식 글쓰기는 평소에도 할 수 있다.

요즘은 세대를 불문하고 다양한 SNS를 활용한다. SNS에서는 오프라인에서 누리지 못한 폭넓은 교제를 경험할 수 있다. 문제는 관계의 폭이 넓어지고 수는 많아졌지만 깊이 있는 교제와 나눔이 어렵다는 사실이다. 일상의 소소한 글과 사진을 올리며 '좋아요'와 댓글로 교제하지만 그것도 한두 번이면 서로 할 말이 줄어든다. 자연스럽게 소통은 줄어 가고 활동도 뜸해진다. SNS에서도 지속적인 교제와 소통을 할 수 있는 탈무드식 질문 글쓰기는 어떻게 진행할 수 있을까? 단순하다. 글을 쓰기에 앞서 상단에 그날의 질문을 던져라.

2021년 8월 30일
"5년 뒤에 어디에서 무엇을 하고 있을까?"

고상한 질문이 아니어도 좋다. 매일 한 가지의 질문을 던지면 된다. 내용은 질문에 대한 자신의 생각으로 채워라. 글의 내용은 자연스럽게 질문에 뒤따르는 관련 키워드를 찾고 풀어 가게 될 것이다. 질문은 같아도 핵심 키워드는 사람마다 다를 수밖에 없다. 분량은 중요하지 않다. 중요한 것은 일관성 있는 형태의 글쓰기를 지속하는 것과 나의 글쓰기를 넘어 온라인에서도 사람들과 소통하는 것이다. 누구나 부담 없이 댓글로 질문에 대한 자신의 생각을 나눌 수 있도록 참여를 유도하면 된다. 먼저 던진 질문이 있기에 어렵지 않게 소통에 동참하는 이들이 늘어 갈 것이다.

그럼 어떤 질문을 던질 수 있을까? 온라인에서 다루기에 무겁지 않지만 다양한 생각을 나눌 수 있는 질문으로 부터 출발하라. 단순하지만 그런 질문을 마중물로 인생의 중요한 원칙을 확인하는 순간을 마주하기도 한다. 다음과 같은 질문을 던지며 글쓰기를 한다면 나만의 특성을 살린 글쓰기를 지속할 수 있지 않을까?

- 나의 존재감을 높여 주는 사람은 누구인가?
- 가장 재미있게 읽은 책은?
- 노력해도 잘 안 되는 일이 있다면?
- 나는 자신에게 관대한 편이다 VS 엄격한 편이다.
- 10년 뒤를 위해 나는 무엇을 투자하고 있는가?
- 지금부터 1년간 어디에서나 살 수 있다. 어디에서 살고 싶은가?
- 지금 당장 갖고 싶은 것 3가지는?
- 내가 가장 재미있게 들은 강연은?
- 최근 내 마음을 가장 불편하게 한 사람은? 왜?

- 생각만 해도 나를 웃게 만드는 사람은?

- 로또나 복권을 사 본 적이 있는가? 결과는?

- 건강을 위해 패스트푸드를 먹지 않고 살 수 있다 VS 없다

- 올해 꼭 처리해야 할 가장 중요한 일은?

- 지난 한 달 가장 슬펐던 순간은?

- 오늘 하루는 일이 잘 풀렸는가, 일이 꼬였는가?

- 현재 성공을 가로막을 수 있는 가장 나쁜 습관이 있다면?

- 나는 (   ) 꿈이 있다.

- 노력하지 않아도 남보다 잘하는 것은 무엇인가?

- 가장 최근에 주문한 배달 음식은?

- 오늘 나와 10분 이상 대화를 나눈 사람은? 어떤 주제의 대화였는가?

- 최근 나의 일상 중 기억에서 지우고 싶은 실수가 있다면?

- 참여하고 있는 정기 학습(스터디, 독서)모임이 있는가?

- 최근 일을 미루다가 낭패를 본 적이 있는가?

- 가장 좋아하는 유튜브 채널 세 곳을 이야기한다면?

- 어떤 말을 들을 때 가장 힘이 나는가?

- 집에 불이 났다. 3가지 물건만 가지고 나갈 수 있다. 무엇을 선택하겠는가?

- 최근 나를 가장 화나게 한 것은?

- 내일 세계 최고 전문가를 만날 수 있다. 어떤 분야 전문가를 만나고 싶은가?
- 최근 들어 투자 열풍이 불고 있다. 어떤 투자를 하고 있는가?
- 나만의 밥도둑은? 가장 좋아하는 반찬 한 가지를 꼽는다면?
- 내일 가장 먼저 처리해야 할 일은?
- 요즘 정기 후원하는 단체 또는 정기 봉사 하는 곳이 있는가? 어느 곳인가? 참여 동기는?
- 오늘 나에게 해주고 싶은 말이 있다면?
- 팀(체육관, 동아리)에 소속되어 하고 있는 운동이 있는가?
- 최근 믿었던 사람에게 배신을 당한 적이 있는가?
- 요즘 주위 사람 중 가장 안타까운 사람은? 이유는?
- 오늘 나의 외모에 만족한다 VS 아니다.
- 오늘 성형 수술을 한다면 고치고 싶은 부위는?
- 자고 일어나면 원하는 사람의 얼굴로 바뀐다. 내일 누구의 얼굴로 일어나고 싶은가?
- 지난 1년 최고의 책 3권만 선택한다면?
- 최근 가장 가슴 떨렸던 순간은?
- 정말 있는 힘껏 한 대 때리고 싶은 사람이 있다면? 왜?
- 지금 나에게 없거나 부족하지만 꼭 갖고 싶은 능력은?
- 지금 사업화한다면 성공할 만한 아이디어가 있는가?

- 지금 직업과 작장을 마음대로 선택할 수 있다면 어떤 직업, 직장을 선택하겠는가?
- 내가 목표로 하는 삶을 현재 살고 있는 사람은 누구인가?
- 결혼할 때 이것만은 꼭 고려하라(할 것이다) 베스트 3
- 오늘을 색깔로 표현한다면?
- 가장 좋아하는 명언이 있다면?
- 만나서 인터뷰하고 싶은 사람이 있다면?
- 현재 내가 행복하기 위해 나에게 필요한 것은 (   )다.

50가지 질문 예제를 보며 어떤 생각이 드는가? 어려워서 나는 하지 못할 것 같다는 이들은 없을 것이다. '나도 할 수 있을 것 같은데!' 하는 생각이 들 것이다. 질문 활용 탈무드식 글쓰기에서 기억해야 할 점은 두 가지다.

첫째, 던진 질문을 마중물 삼아 핵심 키워드를 찾고 또 생각을 이어 글 쓰는 훈련에 집중해 보라. 질문은 질문 자체로 남아 있을 수 없다. 답변을 요구하는 생각이다. 만일 매일 다양한 질문을 던질 수 있다면? 우리는 다양한 주제의 글쓰기를 어렵지 않게 이어갈 수 있다. 꼬리의 꼬리를 무는 질문과 키워드가 연결되면 자연스럽게 글의 분량은 늘어나고 생각은 깊어진다.

둘째, 질문의 답은 하나가 아니라는 것이다. 다양한 의견을 풀어놓는 마중물로 삼아라. 자신의 생각을 훈련하는 기회로 활용하라. 오늘 우리가 아는 탈무드는 서로 다른 의견, 해석이 부딪혀 가며 만들어진 책이며 앞으로도 그 과정은 지속된다는 사실을 기억하라.

35

깨달음
일기 쓰기

마라톤에서는 페이스메이커 역할을 담당하는 선수가 있다. 페이스 메이커는 42.195킬로미터를 달리는 경주에서 30~35킬로미터까지 주력 선수의 페이스를 조절해 주는 도움 선수를 말한다. 그들의 목표는 완주가 아니다. 주력 선수가 후반부까지 힘을 유지할 수 있도록 앞에서 바람을 막아 주고 최상의 속도를 유지해 준 후 중후반경에 레이스를 멈춘다. 우리가 아는 유명 마라토너들 모두 페이스메이커 선수들의 도움을 받아 가며 경주에 임했기에 좋은 성적을 거둘 수 있었다.

하브루타에도 하베르라 부르는 파트너의 역할은 매우 중요하다. 나 하나 잘한다고 경주에서 좋은 성적을 얻는 것이 아닌 것처럼 하브루타 또한 마찬가지다. 하베르와 생각을 주고받는 가운데 생각은 영글어 가고 깊어져 간다. 하베르는 단순히 토론 상대만이 아니다. 마라톤의 페이스메이커 역할을 감당해 주기도 한다. 물론 일방적인 관계여서는 안 된다. 서로가 서로의 좋은 하베르가 되기 위해 노력해야 한다.

그렇다면 하브루타의 장점을 살린 글쓰기는 어떻게 진행할 수 있을까? 일기 쓰기에 적용해 보라. 깨달음 일기 쓰기는 식상할 수 있는 일기에 활력을 불어넣어 줄 것이다.

깨달음 일기 쓰기 1단계 : 하베르 본문 읽기

깨달음 일기 쓰기는 짧은 글 읽기와 더불어 진행된다. 하루의 일과를 돌아보며 깨달음을 찾는 것이 일기지만 특별한 사건 사고, 깨달음 없이 지나가는 일상이 허다하다. 나의 경우 요일마다 다른 책을 정해 놓고 일기 쓰기에 활용한다.

모든 책은 주제는 다를지라도 짧은 글 수십 편으로 이루어진 책이라는 공통점이 있다. 예를 들어 월요일에는 이어령 교수의 《흙 속에저 바람 속에》의 한 꼭지를 읽고 일기 쓰기에 활용한다. 50여 꼭지로 이루어진 글이기에 매일 일기를 쓴다 해도 1년 동안 매주 월요일 일기 쓰기에 있어 이어령 교수는 나의 '하베르'가 되어 준다. 화요일은 칼 뉴포트의 《열정의 배신》을, 다른 요일들도 경제, 음악, 역사, 종교 등 각기 다른 주제의 책을 정하고 한 꼭지씩 읽어 나간다. 대부분 정독한 책 중 의미 있게 읽었던 책을 깨달음 일기 쓰기의 하베르 교재로 선정한다. 깨달음 일기에서의 책 읽기는 지속성을 위해 15분을 넘어가지 않는 짧은 본문으로 이루어진 책 선정이 중요하다.

깨달음 일기 쓰기 2단계 : 본문 주제와 일상 연결 짓기

하베르 본문을 읽고 난 뒤 하루의 일과와 내용의 연결 고리를 찾는다. 어떤 날은 연결 고리가 분명해 하루의 일상을 돌아보는 깨달음 일기가 원만하게 진행된다. 저자의 의견과 나의 일상, 나의 생각을 비교하고 연결시켜 가는 것만으로 성찰의 좋은 기회를 얻게 된다. 본문 내용과 하루 일과에서 어떠한 연결 고리를 찾을 수 없거나, 전 날과 다를 바 없이 평범한 날도 있다. 그때도 큰 문제는 없다. 일기는 하루 단위로 자신을 성찰하기 위한 것이기에 있었던 일들 속에서만 깨달음을 찾을 필요는 없다. 그때는 온전히 그날의 하베르 본문을 두고 저자와 자신의 생각을 비교하며 깨달음을 기록하는 글쓰기를 진행하면 된다.

깨달음 일기 쓰기 3단계 : 일기 쓰기

자녀와 도서관의 청소년 회원들에게 깨달음 일기 쓰기의 공식을 설명할 때면 다음의 내용을 강조하며, 공식 아래에는 다음과 같은 정의 글귀가 모든 페이지에 기록된다고 설명한다.

깨달음 일기=책 내용+일상 이야기+내가 읽었던 책, 경험, 기존 지식+나의 생각
"일기는 책과 삶, 지식과 경험, 생각을 연결지어 가며 깨달음을 찾아가는 성장 기록입니다."

깨달음 일기의 처음은 요약이라기보다는 요점 정리 차원에서 내용을 정리한다. 깨달음 일기가 익숙해지면 본문 요약 분량을 조금씩 늘려 가도 좋다. 그다음 하루의 일과 중 본문 내용과 맞닿은 사건이 있다면 키워드로 연결지어 가며 글쓰기를 진행한다. 깨달음 일기는 본문과 일상에서 한걸음 더 나아간다. 일상과 하베르 본문 넘어 나의

기존 경험, 이미 알고 있는 다른 책의 내용 중 연관되는 부분이 있다면 오늘의 주제, 일상과 연결지으며 글쓰기를 확장해 가는 것이다. 좋은 독후감은 책으로 시작해 삶의 현장으로 나아가 다양한 주제들과 연결시켜 가는 과정이 중요한 것처럼 일기 또한 마찬가지다. 하베르 본문과 일상의 키워드로 시작하지만 오늘의 깨달음을 얻는 과정에서 지난 경험, 기존 지식과의 연결 고리는 성찰의 깊이를 더해 가는 계기를 마련해 준다. 글의 마무리는 어떤 형태여도 좋다. 풀리지 않는 의문이 담긴 질문 형태의 문장이어도 좋다. 본문에 대한 자신의 견해, 하루의 소회, 마음 자세와 행동의 변화를 다짐하는 결단의 문장으로 글을 마무리해도 된다. 깨달음 일기의 공식은 정해진 형태에 관한 이야기가 아니다. 생각의 방향성에 대한 아이디어며 진정한 성찰을 위한 하나의 조언일 뿐임을 기억하라.

짧은 본문을 페이스메이커, 하베르 삼아 글을 써라

하루의 일과에서 매일 깨달음을 찾고 성찰한다는 것은 쉬운 일이 아니다. 그때 인류의 스승, 한 발 앞서간 인생 선배들을 자신의 성찰의 자리로 초청하면 된다. 마주한 하베르처럼 주고받는 소통은 이루어지지 않지만 하루 한 가지의 깨달음을 일상과 연결지어 가는 일에 최고의 친구가 되어 준다. 나와 같은 생각을 가진 본문을 대하는 날이 있을 것이다. 나와는 전혀 다른 견해를 보이는 본문들도 마주하게된다. 이것이 깨달음 일기를 통해 얻게 되는 축복이다. 나의 생각의 수준 안에서의 느낌과 성찰을 넘어 나와 다른 생각을 마주하며 그들의 견해를 들을 수 있는 기회를 매일 가질 수 있기 때문이다.

대부분의 경우 짧은 본문임에도 하베르 친구의 글은 나로 하여금한 번도 생각해 본 적 없는 넓이와 깊이 있는 생각으로 이끌어 준다. 나의 사고 지평을 넓혀 주고 사색의 깊이를 더해 주는 깨달음은 두꺼운 철학 책을 정독해야만 주어지는 것이 아니다. 짧은 책 본문을 하베르 삼아 써 가는 일기를 통해 얻게 되는 일상의 깨달음은 결코 무시할 수 없다. 성장을 가져다주지 않는 독서의 배신을 경험한 이들에게, 지난 시간의 일기의 경험이 의미 없던 시간으로 기억되는 이들에게 하베르 본문을 동반자 삼아 진행되는 깨달음 일기는 전에 경험해 보지 못한 진보를 선물해 줄 것이다.

36

글쓰기의 기본기를 다지는
양의 글쓰기에 도전하라

최근 몇 년간 가장 핫한 작가로 떠오른 인물이 있다. 유발 하라리다. 유대인으로 영국에서 중세 전쟁사를 공부했고 현재는 히브리대학교에서 역사학을 가르친다. 2019년 1월 그는 〈동아일보〉와 인터뷰를 했다. "글쓰기와 인생에 영향을 준 작가, 예술가가 있는가?"라는 질문에 유발 하라리는 이렇게 답했다.

"가장 큰 영향을 받은 사람은 《총, 균, 쇠》의 저자 재레드 다이아몬

드다. 그는 어떻게 과학자가 역사의 큰 질문을 탐구하고, 글을 이해하기 쉽게 쓸 수 있는지 보여 줬다. 내가 《사피엔스》를 쓸 용기를 줬다. 나의 멘토인 베냐민 케다르 히브리대학 교수도 있다. 철학자 찰스 테일러, 영장류 학자 프란스 드 발, 생물학자 리처드 도킨스, 심리학자이자 경제학자인 대니얼 카너먼, 심리학자 스티븐 핑커, 수학자 캐시 오닐, 소설가 올더스 헉슬리의 글에서도 깊은 영향을 받았다. 한국인도 있다. 숭산 스님과 장하준 케임브리지대학 교수이다. 숭산 스님의 가르침인 '오직 모를 뿐'은 내 연구에도 큰 영향을 줬다. 무언가를 모른다면 상상의 이론을 만들어 내서는 안 되며 모르는 것은 인정해야 한다는 것을 깊이 깨닫게 해 줬다."

천재라 불리는 유발 하라리도 처음부터 《사피엔스》의 저자로 우리 앞에 선 것이 아니다. 누군가의 영향을 받으며 지난한 과정을 지나 오늘에 이르렀다. 우리가 먼저 바라보아야 하는 존재는 천재 유발 하라리가 아니다. 아무도 보지 않는 곳에서 다른 이들의 작품을 연구하며 수많은 꼭지의 글을 써 온 유발 하라리를 볼 수 있어야 한다. 대단한 유대인 학자 유발 하라리가 아니라 이전에 존재했던 소소한 유발 하라리를 볼 수 있어야 한다. 겉으로 보이는 특별함 이면에 다른 이들의 영향을 받기 위해 힘쓰며 오랜 시간 지속해야 했던 발버둥에 가까운 노력을 볼 수 있어야 한다.

《생각에 관한 생각》의 저자인 이스라엘의 경제학자 대니얼 카너먼은 자신의 책에서 이야기한다.

"전문가의 직관은 우리 눈에 마술처럼 보이지만 마술이 아니다."

대가와 전문가, 천재라 불리는 이들이 있다. 우리는 결과를 보고 놀라고, 사례를 보고 탄성을 내지른다. 카너먼의 말을 빌리자면 그들이 보여 준 천재성은 마술이 아니다. 잊지 말아야 하는 것은 그들에게도 그러한 결과를 가져온 변화의 과정이 있었다는 사실이다. 그 변화의 과정은 오랜 시간에 걸쳐 이어졌다. 무수히 반복되었다. 그들도 각성 전에는 지극히 평범했던 이들과 다를 바 없는 존재였다. 사람들은 무의식적으로 이 사실을 부인할 뿐이다. 그리고 그들은 처음부터 특별했을 것이라고 생각한다. 이 말은 그들을 향한 칭찬만이 아니다. 좋게 말하면 부러움과 감탄의 표현이지만 실상은 우리는 그런 존재가 될 수 없다는 선언과 다를 바 없다.

양질 전환의 법칙

변증법의 원리 중 '양질 전환의 법칙'이 있다. '양적인 팽창이 선행

될 때 질적인 도약이 일어난다'는 원리다. 양으로 승부하자는 것이 아니다. 노하우를 축적하는 데도 시간이 필요하다. 처음부터 잘할 수는 없다. 모든 일에는 시행착오가 필요하다. 성실하게 반복하는 이들에게 시간은 질적으로 성장하는 순간을 선물한다. 글쓰기도 마찬가지다. 글을 잘 쓰기 원한다면 많은 양의 못 쓴 글이 필요하다. 그러므로 만족스럽지 않더라도 계속 글을 써야 한다. 글쓰기의 출발점에서 아름다운 문장보다 중요한 것은 글의 분량이다.

매일 일정 양을 채우는 것을 목표로 하라. 양의 글쓰기는 질의 글쓰기로 나아가기 전 단계다. 일단 글을 쓰기 시작했다면 임계점을 돌파하기까지 양의 글쓰기에 도전하라. 그 과정에서 방법과 기술의 도움을 받을 수도 있다. 그렇다고 양의 글쓰기를 비껴 갈 수는 없다. 그 과정을 오랫동안 지속하고 유지할 수 있다면 '잘 쓴 글'은 그리 어려운 과제가 아니다.

유발 하라리는 글쓰기를 "끝없는 질문에 초점 맞추기"라고 표현한다. 글쓰기는 자신이 던진 질문에 답하기 위해 수많은 분야를 탐독하게 한다. 《호모 데우스》를 쓰는 과정에서 그가 던진 질문은 그를 역사와 생물학, 경제학과 심리학의 영역으로 이끌었다. 그 과정은 끝없는 읽기와 쓰기를 통해 자신의 의견을 세워 가는 과정이었다. 유발 하라리는 《사피엔스》에서 "내가 믿는 것이 오류일 수 있다"라는 그의 고백과 생각이 있었기에 끝없는 질문을 던지며 양의 독서, 양의 글쓰기를 이어 갈 수 있었다.

  글을 잘 쓰고 싶은가? 유발 하라리의 특별함 뒤의 꾸준함, 일상의
노력을 기억하라. 끝없는 질문에 답하며 연구와 글쓰기를 이어 갔던
이들의 바통을 이어받아라. 양의 글쓰기에 도전해 보라. 거기에서 다
양한 방법과 기술에 대한 관심도 곁들여 보라. 이 노력이 지속된다면
글쓰기가 가까운 미래에 변화된 자신을 마주하는 것으로 양질의 전
환을 할 것이다.

37

일필휘지는 없다,
끊임없이 고쳐라

"오늘은 군사 독재에 맞서 용감하게 투쟁한 위대한 광주 민주 항쟁의 횃불이 마지막으로 타올랐던 날이며, 벗이요 동지인 고 김태훈 열사가 아크로폴리스의 잿빛 계단을 순결한 피로 적신 채 꽃잎처럼 떨어져 간 바로 그날이며, 번뇌에 허덕이는 인간을 구원하기 위해 부처님께서 세상에 오신 날입니다. 이 성스러운 날에 인간 해방을 위한 투쟁에 몸 바치고 가신 숱한 넋들을 기리면서 작으나마 정성들여 적은 이 글이 감추어진 진실을 드러내는 데 조금이라도 보탬이 될 것을 기원해 봅니다. 모순투성이이기 때문에 더욱더 내 나라를 사랑하는 본 피고인은 불의가 횡행하는 시대라면 언제 어디서나 타당한 격언인 네크라소프의 시구로 이 보잘 것 없는 독백을 마치고자 합니다. '슬픔도 노여움도 없이 살아가는 자는 조국을 사랑하고 있지 않다.'"

1985년 5월 27일 유시민 작가가 쓴 항소 이유서의 마지막 문단이다. 글쓰기에 관심이 있는 사람이라면 한번쯤은 살펴봐야 할 명문으로 알려져 있다. 당시 유시민은 1984년 서울대학교 프락치 사건의 배후 조종자로 몰려 구속 수감 중이었다. 담당 변호사는 유시민을 포함한 구속된 학생들에게 항소 이유서를 써 보라 권유했다. 어떻게든 억울함을 호소해야 했기에 글을 써 내려갔다. 그는 자신에게 내려진 법원 판결에 감정적 호소가 아닌 부당성과 비논리성을 논리적으로 조목조목 반박했다.

글쓰기와 관련하여 이 글을 대하는 이들의 반응은 두 가지다.

그의 글에 매료되어 자신도 향상된 글쓰기를 바라고 꿈꾸는 경우.

27살 나이에 일필휘지로 적은 글에 주눅이 들어 '나 같은 사람이 무슨 글이냐!'며 글쓰기를 포기하는 경우.

사람의 반응은 후자인 경우가 대부분이다. '어떻게 저런 글을 감옥에서, 손 글씨로 일필휘지 쓸 수 있는 거지?'라며 유시민은 특별하다는 생각을 할 것이다. 그러나 그의 항소 이유서는 일필휘지 써 내려간 글이 아니다. 그는 한 텔레비전 프로그램에서 그때를 회상했다.

그는 첫 문장부터 맨 마지막 문장까지 머릿속으로 생각해야 했다. 원고지 100장 분량의 교정 교열도 머릿속에서 해야 해서 글은 14시간 걸려 완성했지만 글을 쓰기 위한 준비는 15일 동안 진행되었다. 감옥에서 책 읽기는 허용했다. 당시에 《사기》를 읽고 《맹자》를 읽었기에 관련 있는 문구를 인용할 수 있었다. 인용하기 위해 사용할 한자는 미리 연습하여 충분히 익혀 두었다. 손에 충분히 익어 오자가 안 나오도록 연습했다. 한 문장씩 생각하며 써 내려갔다.

글쓰기의 고수는 끊임없이 고쳐 쓴다

사람들은 글쓰기에 환상을 가지고 있다. 그중 하나가 위대한 작가들은 일필휘지로 글을 쓸 것이라는 생각이다. 간혹 일필휘지로 멋진 글이 써질 때가 있지만 그때뿐이다. 위대한 작가들의 글은 한 번에 멋진 글로 쓰였다기보다 퇴고의 과정을 거친 결과물이다. 초고가 가진 창의도 멋지지만 퇴고로 걸러지고 덧붙여진 사고의 결과물은 더 아름답다. 창의적인 생각은 출발이지 완성작이 아니다. 창의와 현실을 잇는 것은 끊임없는 생각이다. 누락된 부분을 찾아 채워 주는 과정이 필요하다.

유대계 작가 시드니 셀던은 글쓰기 4단계 방법을 제시한다. 베스트셀러를 쓰고 싶다면 다음의 4단계 과정만 완수하면 된다는 것이다.

1단계, 자기가 진짜로 좋아하는 글감을 택하라.

2단계, 멋지다는 생각이 들 때까지 그 글감을 발전시켜라.

3단계, 모든 단어가 빛을 발할 때 까지 1년이고 2년이고 다시 써라.

4단계, 그다음에는 손톱을 깨물고 숨을 죽인 채 열렬히 기도하라.

이 4단계는 베스트셀러를 쉽게 만들어 내는 비법이 아니다. 글이 어떻게 쓰이는지에 대한 원리와 과정이다. 글은 쓰이는 것이기도 하지만 타인과 소통하는 도구다. '글짓기'라고 하지 않던가. 글은 지어지는 예술품이다.

시드니 셀던은 초고를 자신이 직접 쓰지 않았던 것으로 유명하다. 셀던이 말로 구술하면 비서가 받아 적는 방식으로 초고를 완성했다. 셀던의 말로 하는 '글짓기'는 집 짓기에 비유하면 터를 잡는 초기 단계에 지나지 않는다. 구술 이후의 집필 과정은 수없는 수정과 보완 과정을 거치며 진행됐다. 그는 자신의 작품을 수없이 고쳐 쓰며 완성하는 것으로 유명한데 열일곱 번째 작품으로 알려진 소설 《The Sky is Falling》은 열두 번 이상 고쳐 쓰기를 거듭한 끝에 출간되었다고 전해진다. 남편의 작품 활동을 옆에서 지켜 본 그의 아내는 말한다.

"그의 글 작업은 마음에 드는 작품이 나올 때까지 항상 철두철미하게 진행되었다."

고쳐 쓰는 과정은 책상 위에서만 진행되지 않는다. 열일곱 번째 소설은 셸던의 나이 83세에 쓰인 작품이다. 이야기에 등장하는 아이들의 속어를 디테일하게 하기 위해 지역의 아이들을 집으로 초대해 직접 만나 대화하며 자신의 글을 아이들의 일상 언어로 수정했다고 한다. 셸던의 작품에 등장하는 나라와 도시, 레스토랑과 음식들도 마찬가지다. 어느 하나라도 직접 경험하지 않은 것은 작품에 포함하지 않았다. 초고에 기술된 내용에 포함된 곳은 이후라도 방문했으며 먹어보고 체험하는 과정을 통해 디테일을 추가했다.

《혼불》의 작가 최명희는 말한다.

"나는 일필휘지를 믿지 않는다."

어니스트 헤밍웨이도 고쳐 쓰기의 중요성을 강조하며 말했다.

"나는 걸작을 한 쪽씩 쓸 때마다 쓰레기 92쪽을 양산한다. 이런 쓰레기는 휴지통에 넣으려고 애쓴다."

고쳐 쓰기는 아름다운 문장만 선물해 주는 것이 아니다. 사고의 정교함도 가져다준다. 글쓰기의 선순환이라고나 할까? 고쳐 쓰기를 거듭하는 가운데 정교해진 나의 사고 역량은 좀 더 글쓰기에 적합한 두뇌로 바뀌어 간다. 이는 유대인이 창의적인 비밀을 글쓰기에서 찾아야 하는 이유 가운데 하나다. 그 하나만이 요인은 아니겠지만 그 어떤 도구보다 결정적인 요구임에 분명하다. 유대인 명사 중 어느 누구라도 자신이 쓴 글 없이 탁월함을 인정받은 경우는 볼 수 없다.

글 쓰는 과정, 끊임 없는 고쳐 쓰기의 과정 자체는 결코 즐거울 수는 없다. 그럼에도 작가라면 백이면 백 고쳐 쓰기를 강조하는 것은 그 결과가 수고 이상의 선물을 우리에게 가져다주기 때문이다.

고쳐 쓰기의 세 가지 규칙

그렇다면 고쳐 쓰기는 어떻게 해야 하는가? 시드니 셸던의 비법 2, 3단계에 해당되는 과정이다.

멋지다는 생각이 들 때까지 그 글감을 발전시켜라.

모든 단어가 빛을 발할 때 까지 1년이고 2년이고 다시 써라.

험난한 듯 보이는 고쳐 쓰기는 크게 세 가지 패턴으로 진행된다.

첫째는 보완이다. 놓쳤던 부분을 발견하여 보충한다. 문장을 더하거나 이어 붙여 가는 고쳐 쓰기다.

둘째는 삭제다. 단어나 문장을 빼거나 줄여 가는 고쳐 쓰기다. 책쓰기를 할 때면 한 문단이나 이야기 하나 전체를 빼는 경우도 있다. 필요 없는 부분을 발견하여 삭제하는 것도 고쳐 쓰기의 한 과정이다.

랍비 슈로모 벤 이삭은 유대교의 위대한 스승을 이야기할 때 빠지지 않고 언급되는 랍비다. 보통 랍비 라쉬로 불린다. 라쉬는 명문가로 이름을 널리 알렸다. 그중에서도 미쉬나에 대한 그의 주석은 많은 이의 사랑을 받았다. 다른 랍비들의 주석과 달랐던 것은 글의 정확함과 간결함이었다. 그의 명료한 주석은 사람들에게 도움을 많이 주었는데 그것은 수없는 반복의 과정이 준 선물이라고 할 수 있다. 연구하고 주석을 다는 데 끝나지 않고 끊임없이 주석의 내용을 살피며 수정 보완해 갔다.

그가 나이 들어 손자 사무엘이 랍비가 되어 탈무드의 주석에 참여했을 때의 일이다. 탈무드에 장황한 이야기로 주석을 한 사무엘을 나무라며 이야기했다.

"네가 이런 식으로 탈무드 전체에 주석을 단다면 네 주해서는 마차 만큼 무거울 거다."

글쓰기에서 보완만큼 중요한 것은 필요 없는 내용을 걸러내는 고쳐 쓰기다.

셋째는 재구성이다. 문장과 문단을 빼거나 이어 붙이는 것을 넘어 구조에 손을 대는 고쳐 쓰기다.

찰스 다윈은 말한다.

"생각나는 대로 휘갈겨 쓴 후, 절반으로 줄이고, 제대로 다듬어라."

당신의 글을 고쳐 써 보라. 당신의 글을 제품이 아닌 작품으로 마주 하게 될 것이다. 기억하라. 글쓰기의 황금률은 고쳐 쓰기라는 사실을 말이다.

38

의미를 제대로 전달하려면
문장의 군살을 빼라

글쓰기 방법 중 가장 효과적인 것은 단문 쓰기다. 단문으로 쓰기만 해도 글이 달라진다. 중요한 것은 언어가 전달되는 과정이다. 글의 목표는 의사 전달에 있다. 소통이 잘되려면 글이 이해하기가 쉬워야 한다. 이때 필요한 것인 단문이다. 짧은 글, 쉬운 글을 통하면 의사 전달이 원활해진다. 단문 쓰기는 생각의 다이어트다. 군살 빼기다. 단문 쓰기는 긴장감을 유지해 독자가 지루해하지 않는다.

단문 쓰기는 나눠 쓰기다. 요리의 레시피와 같아서 하나의 음식을 여러 단계로 나누어 요리하듯, 여러 짧은 문장에 의미를 나누어 담아 내면 된다. 단문 쓰기라는 방법의 연습만으로도 당신의 글이 나아질 수 있다. 단문에 익숙해지면 짧은 글 속에 굵은 메시지를 담는 것도 어려운 일이 아니다.

헝가리 출신 유대계 미 언론 재벌 조지프 퓰리처는 글쓰기에서 무엇보다 단문 쓰기를 강조했다. 그가 쓴 짧은 글에 그가 이야기하는 단문 쓰기의 중요성이 명료하게 표현되어 있다.

"무엇을 쓰든 짧게 써라. 그러면 읽힐 것이다. 명료하게 써라. 그러면 이해될 것이다. 그림같이 써라. 그러면 기억 속에 머물 것이다."

퓰리처가 다루었던 글은 전공자가 아닌 대중을 위한 글이었기 때문에 쉬워야 했다. 아무리 좋은 뜻을 담은 글이라도 전달되지 않는다면 의미가 없는 법이다. 퓰리처는 그런 의도에 부합한 이들을 격려하기 위한 상도 제정한다. 1917년에 제정된 언론계 최고의 상인 퓰리처상은 그의 유언에 따라 만들어졌다. 보도, 사진, 비평을 비롯한 17개 언론 부문과 7개 예술 분야에서 100여 년이 넘도록 분야별 소통 전문가를 선정해 수상을 이어 오고 있다.

말하듯 글을 써야 할 때가 있다. 다만 말하듯 글을 쓰면 쓰는 자는 쉽겠지만 읽는 이는 힘들어진다. 문장이 길어지면 내용이 산만해진다. 의도는 분명한데 긴 문장으로 의사를 명확히 전달하는 것은 쉽지 않다. 이해도가 떨어지고 집중력도 떨어진다.

교수님 글에서 벗어나라

나의 예전 글을 보아도 그렇다. 내용이 장황하고 수식어가 난무했다. 미사여구로 유식함을 드러내려 했다. 좋은 글일 수 있었겠지만 많은 이가 읽다가 포기할 가능성이 높은 문장들이었다. 글 쓰는 공부를 이어 가며 글쓰기의 태도를 바꿨다. 한마디로 정의하면 '교수님의 글이 아닌 베스트셀러 작가의 글쓰기'로 표현할 수 있다. 교수를 비하하는 것도, 베스트셀러만이 좋은 책이라는 것도 아니다. 여기에서의 '교수님'은 상징적인 어휘로 다음과 같은 이미지를 상정한다.

전공, 연구, 유식, 고상함, 교재, 학생, 깊이, 어려운 말, 모든 것, 시험 등

'교수님'이 쓴 글과 책은 일단 깊이를 추구한다. 문화 센터의 특강이 아니기에 일반 수준 이상의 내용을 다루려고 노력한다. 독자는 정

해져 있다. 학생이면 누구나 교재를 사야 하기에 판매에 신경 쓸 필요가 없다. 자신이 아는 '많은' 좋은 것들을 최대한 '많이' 담아내려 노력한다. 그러다 보니 어려운 말이 난무한다. 고상한 말이 가득하다. 연구는 심오하고 지식은 해박하나 학생들의 독해 능력에 대한 배려는 부족하다. 이해를 못하는 것은 학생의 문제지 교수님의 문제가 아니다. 학생은 교수님의 글에 대해 어떤 선택권도 없다. 읽기 싫어도 읽어야 한다. 평가를 잘 받기 위해서는 아무리 어려워도 읽어야 하고 익혀야 하고 외워야 한다.

'베스트셀러 작가님'은 '교수님'과 다르다. 그들은 다음과 같은 이미지를 가진 이들이다.

대중, 관심, 독자, 쉬운 말, 의문, 부분, 대안 등

'베스트셀러 작가님'의 글은 다르다. 때로는 깊이를 포기한다. 더 우선 해결해야 할 과제가 있기 때문이다. 그들은 독자의 관심에 귀 기울인다. 내가 하려는 이야기도 중요하지만 독자를 위한 관심과 배려가 항상 우선이다. 그들의 관심과 내가 전하고자 하는 이야기를 연결해 주는 다리 만들기에 힘쓴다. 고상하고 어려운 말보다 쉬운 말을 택한다. 독자를 배려하며 내용 전달에 힘쓴다. 좋은 것을 주려하지만

모든 것을 주려고 하지 않는다. 내용이 전달되지 않았다면 작가의 실수지 독자에게는 아무 문제없다. 수정하고 보완해서 그들이 이해할 수 있는 언어로 다가선다. 독자는 이해와 공감의 대상이지 평가의 대상이 아니다. 작가가 전하려는 내용이 중요하다면 독자의 관심이라는 다리를 건너야 한다는 사실을 누구보다 잘 알고 있는 사람들이다.

39

나만의 글쓰기 루틴을
만들어라

제프 베이조스는 글쓰기를 기업 문화로 만들어 직업들의 역량을 키우고 사업의 생산성을 세우는 일에 힘을 쏟았다. 그는 아마존에 '제로 PPT'(Zero Powerpoint)' 정책을 펼쳤다. 기업의 모든 프레젠테이션에서는 파워포인트 형식의 발표를 금지한 것이다. 파워포인트가 의사 전달에 도움되는 면이 없는 것은 아니다. 다만 PPT를 제작하는 데 투자한 시간만큼의 효과, 의사 전달의 효율은 결코 만족스럽지 못했다.

제프 베이조스는 아마존의 회의에서 일방적인 발표를 피하고 의사 결정을 위한 회의 시스템을 구축하기 시작한다. 그중 하나가 6페이지 설명 메모(six-page Narrative Memos)다. 아마존에서는 이미 실행해 오던 것이지만 대중에게 널리 알려지게 된 것은 2017년 주주들에게 6페이지 설명 메모를 주제로 한 주주서한을 통해서다.

제프 베이조스는 6페이지 설명 메모가 결코 한두 시간, 하루이틀 만에 써넬 수 있는 과제가 아님을 강조한다. 이 책에서 강조한 글쓰기의 전 과정을 거쳐야 하기 때문이다. 안건의 주제를 정하고, 주제에 적합한 생각, 논리를 구성하는 과정을 거친다. 한번 짜인 생각에 머물지 않고 읽고 고쳐 쓰며, 동료들의 도움을 받아 가면서 생각을 완성시키는 과정을 거친다.

작성된 문건은 회의 30분 전 참여자 전원에게 공유된다. 참여자들은 회의 시작 전 이미 발표자의 계획과 의도를 숙지한 상태로 회의에 임한다. PPT의 이미지가 아닌 줄글에 담긴 발표자의 내러티브는 회의가 핵심에서 벗어나지 않도록 이끈다. 이후의 논의도 발표 내용을 초깃값으로 하여 진행되기에 속도감 있게 발전적인 다음 방안을 강구하는 차원에서 회의는 진행된다.

6페이지 설명 메모의 진정한 효과는 완성된 결과물에 있기보다 그것을 준비하는 글쓰기 과정에 있음을 베이조스는 강조한다. PPT를 만들 때는 발표 내용과 함께 디자인을 고려하는 데 힘을 쏟게 된다.

그러나 6페이지 내러티브 메모는 다르다. 오로지 발표 내용의 논리와 구성, 아이디어 자체에 집중한다. 그것을 준비하는 과정에서 구성원들의 사고 역량이 자라게 된다. 6페이지 설명 메모에 담긴 내용은 단순한 문자의 나열이 아닌 심사숙고의 과정을 통과한 디자인된 생각이기 때문이다. 즉시 사용 가능한 생각일 때는 물론, 부족한 생각이어도 무엇이 채워져야 하는지 내러티브의 구조 속에서 발견하는 것은 어려운 일이 아니다.

글쓰기의 향상을 원한다면 바로 이 루틴을 디자인해야 한다. 의무적인 일상, 지속 가능한 환경을 설정해야 한다. 지속적인 시스템이 가져다주는 효과는 시간이 가면 갈수록 커져가기 때문이다.

나만의 루틴을 디자인하기

나는 글을 쓰기 위한 나만의 루틴을 만들어 왔다. 글쓰기 환경 설정과 연속선상에 있다고 볼 수 있다. 루틴이란, '규칙적으로 하는 일의 통상적인 순서와 방법'을 의미한다. 어떤 일에 돌입하기 전 습관적으로 반복하는 어떤 행동을 말하곤 하는데 운동선수들에게서 이런 모습을 자주 발견하게 된다. '타석에 들어선 야구선수가 방망이로 홈플레이트를 몇 번 두드리는 행동', '시합에 나서기 직전에 항상 화장실을 가는 것', '투수가 공을 던지기 전에 자신의 모자를 몇 번 만지거나 벗었다가 다시 쓰는 행위' 등등 어떤 이들은 의식적으로, 또는 시간이 지나며 하는 무의식적인 루틴이 있다. 운동에서만이 아니다. 모든 일에 루틴은 존재한다. 최상의 결과를 내기 위해 반복하는 습관적인 행위들 모두를 루틴이라 칭할 수 있다.

첫째, 최고의 글쓰기 루틴은 매일 글을 쓰는 것이다.

글 쓰는 나로 길들이는 과정이 필요하다. 가끔 긴 글을 쓰는 것보다 매일 짧은 글을 쓰는 것이 좋다. 가끔 명문을 쓰는 것보다 매일 부족한 글을 쓰는 것이 좋다. 글쓰기에서는 가끔 하게 되는 강한 결심보다 매일 이어지는 약한 실천이 중요하다. 매일 글 쓰는 사람에게는 글쓰기의 방법과 기술은 큰 문제되지 않는다. 구체적으로 배우지 않았지만 좋은 글쓰기와 그렇지 못한 글쓰기에 대한 감을 갖게 된다. 방법과 기술에 대한 조언 한마디로도 글쓰기 역량이 자라는 것을 경험하기도 한다.

둘째, 소속감과 의무감으로 루틴을 디자인하라.

자발적 글쓰기도 필요하지만 어떤 때는 의무적인 글쓰기도 유익하다. 의무감에 의한 글은 창의성이 떨어질 우려가 있다. 다만 의무감이 항상 부정적으로 작용하는 것은 아니다. 인간의 연약함을 붙잡아 주는 끈이며 동기 부여의 기회를 제공한다. 무엇보다 일관성을 유지시켜 준다. 나에게 책 쓰는 글쓰기는 소속감과 의무감에 더해 글을 쓰는 동기를 부여해 준다. 글이 써지지 않더라도 마감 시한을 생각하며 글쓰기를 이어 간다. 출판사와의 계약서는 나에게 적절한 의무감 속에 글쓰기를 이어가도록 도와준다.

유대인 사회는 쿠파(KUPPAH)라는 제도가 있다. 어려운 상황에 있는 유대 민족을 돕는 시스템이다. 유대인들은 돈이 없어 공부를 못하거나 결혼을 못하는 일이 없다. 사업을 시작할 때도 다양한 기금을 통해 새로운 도전에 임할 수 있도록 공동체가 도와주기 때문이다. 그중에서도 배우고자 하는 열정을 가진 이들에게는 국가와 유대 공동체들이 다양한 기회를 제공하고 필요한 재정과 상황을 마련해 준다. 유대인의 특별한 공동체성이다.

내가 속한 분야에서 성공하기를 원한다면 내 삶의 쿠파를 준비해야 한다. 유대인에게는 오랜 축복이지만 내 삶에 쿠파는 누가 만들어 주는 것이 아니다. 오늘을 한계 속에서 최선을 추구해야 한다. '더불어', '함께'하는 협업의 태도는 쿠파와 같은 힘과 에너지가 된다. 나 혼자 모든 것을 할 수 없기 때문이다. 글쓰기도 마찬가지다. 종이 위에, 모니터에 써 넣는 문자는 단순한 글이 아니다. 글은 꿈과 소망을 담는 그릇이다. 목표를 이룰 수 있는 사고의 역량을 세우는 기회이자 나를 넘어 우리를 이어 주는 관계의 끈이다. 글쓰기를 지속하기 위해서 정기 모임에 가입하고 나의 부족함을 도와 줄 스승과 동료를 곁에 두는 방법도 좋다. 그들과 생각을 나누고 서로를 격려하고 부족함을 돌아보는 관계를 만들어 보라. 이 작은 선택이 가져다주는 결과는 결코 작지 않다.

40

작가 노트를
만들어라

유대인에게 암송은 특별한 도구다. 종이와 책이 보급되기 전 신의 언어를 담는 그릇이었다. 현대에 이르러서 수많은 매체가 생겨났지만 토라를 암송하는 전통을 이어 오고 있다. 신은 "기억하여 지키라"라고 말씀하셨고 유대인 선조들은 그것을 생명보다 소중하게 지켜 왔다. 그것을 초깃값이고 탈무드를 통한 삶의 적용은 그다음이다.

유대인에게 토라가 있듯, 탈무드가 있듯, 글을 쓰기 시작한 이들이라면 자기 삶의 명문장, 비전 명언록, 탈무드를 만들어 보라. 하나둘 쌓여 가는 문장들은 정신을 글쓰기의 좋은 마중물이 되어 줄 것이다.

작가 노트는 일상에서 스쳐지나가는 이야기와 흔적을 정리하는 도구다. 책을 읽으면 수많은 명언과 명구를 만나게 된다. 지하철에서 옆 승객들이 나누던 대화도 좋다. 유튜브에서 보았던 인상 깊었던 자막과 문구도 좋다. '어떻게 저런 멋진 말과 생각을 할 수 있을까?' 이런 생각이 드는 말과 문장들을 만날 것이다. 그 문장을 기록하여 놓자. 그 주제에 대한 생각을 나만의 어휘를 활용하여 표현해 보자.

유대인의 기록 문화를 실천하는 법

나의 컴퓨터에는 '장대은 명언 명구' 파일이 있다. 하루에도 몇 번씩 파일을 열어 새로 알게 된 명언 명구와 그것에 드는 생각을 기록해 넣는다. 많을 때는 하루에도 수십 문장의 글을 정리해 놓는다. 자전거를 타고 가다가 스쳐 지나가는 현수막의 문구가 마음에 들면 어김없이 멈춰 선다. 요즘은 스마트폰의 메모장과 메신저를 활용한다. 문구 그대로를 옮겨 적는 일은 거의 없다. 그때의 느낌, 그 의미를 나만의 표현으로 바꾸어 기록한다.

책을 읽다가도 이전에 들지 않던 다른 생각이 떠오르면 핵심 단어, 생각나는 문장을 적어 놓는다. 그 순간이 지나면 잊혀질 느낌과 생각일 수 있기에 나중으로 미루지 않는다. 떠올랐던 참신한 아이디어가 잠시 후 기억나지 않아 마음고생해 본 적이 있을 것이다. 나 또한 메모를 미뤄 왔던 오랜 시간들이 있었다. 예전에도 메모에 관한 수많은 글과 책을 보았지만 나와 상관 없는 것이었다. 중요하다는 것은 알지만 실행으로 옮기는 일은 또 다른 문제였다. 그러다 집필 활동을 활발히 하면서 메모의 힘을 절감하게 되었다. 생각을 하려고 하기보다드는 생각을 그때그때 관리하는 것의 중요성을 절감한다. 이후 3년 전부터 일상의 메모는 매 순간 이어졌다.

책을 집필할 때 '장대은 명언 명구'파일에 쌓여 있는 아이디어 문장들은 보물 창고로 활용된다. 글을 쓰다가 생각이 나지 않을 때면 정리된 파일을 열고 하나둘 읽기 시작한다. 그러다 보면 백이면 백 새로운 생각이 떠오른다.

다시 강조하지만 생각은 한다고 나는 것이 아니다. 마중물을 한 바가지 부어 주어야 한다. 하나의 단어, 한 줄의 문구는 나의 깊고 넓은 생각의 마중물이 되어 준다. 자신만의 작가 노트를 만들어라. 다른 사람들의 말과 글, 일상에서 발견한 글감, 떠오르는 문장으로 시작하지만 마무리는 나만의 창의적인 문장이 가득한 생각들로 변화시켜가라. 글 쓰는 일상을 꿈꾸는 당신에게 작가 노트는 사고를 유연하게 하는 도구이자 새로운 생각을 끊임없이 만들어 내는 화수분, 보물 창고가 될 것이다.

- 어디에서 보았는가? (책 또는 다른 매체): 좋은 말, 문구를 듣거나 본 매체를 기록한다.
- 누가 사용한 표현인가?: 누가 한 말인지 원 문장의 기록자를 표기한다.
- 내용: 자세한 내용, 원 문장을 정리하여 기록한다.
- 나만의 표현으로 문장을 만든다: 명언 명구를 자신의 말로 바꾼다. 뜻은 같지만 자신만이 표현할 수 있는 문장으로 기록해 놓는다. 한 걸음 더 나아가 연관되어 떠오르는 생각들도 기록해 보라. 새로운 문장이 들어와 나의 기존 지식과 만나는 순간 나만이 할 수 있는 생각이 드는 것은 매우 자연스럽다. 그 순간의 인사이트를 기록으로 남겨 놓아라.

작가 노트의 가치는 한두 번의 실행으로 느낄 수 없다. 기록이 지속되고 자료가 쌓여 가면서 이 작은 행위가 가진 의미를 발견하게 된다. 나의 경우 하루에 최소 20문장에서 30문장의 아이디어 글을 나만 확인할 수 있는 곳에 기록해 놓는다. 저녁에 시간을 할애하여 컴퓨터 파일에 유형별로 정리하여 보관한다. 내가 짧은 기간 여러 권의 책을 집필할 수 있던 것은 매일 반복되는 일상 속, 늘어가는 작가 노트라는 보물 창고가 있기에 가능한 일이었다. 여러분도 자신만의 작가 노트, 나만의 탈무드를 만들어 가 보라. 글쓰기를 소중히 여기는 이들이라면 그 가치를 깨닫는 데 그리 오랜 시간이 걸리지 않을 것이다.

글쓰기,
쉽게 시작하고 오래 지속하라

샌디 쿠팩스는 메이저리그 역사상 최고의 좌완 투수로 불리는 LA 다저스의 선수다. 류현진 선수가 LA다저스에 입단할 당시 특별 고문으로 그를 지도한 사람이 바로 샌디 쿠팩스였다. 그는 1935년 뉴욕 브루클린의 유대인 마을에서 태어났다. 학창 시절 운동 신경이 뛰어난 쿠팩스는 농구 실력이 최고 수준이었고 신시내티대학 입학도 농구 장학생으로 입학했다. 대학 시절 야구로 진로를 바꾼 쿠팩스는 재학 시절 메이저리그에 입단할 정도로 실력을 인정받는다.

그의 야구 인생이 그리 길지는 않았다. 1955년도에 입단해 만 31살의 나이로 1966년에 은퇴했으니 12년의 짧은 기간이었다. 그럼에도 야구 역사에서 샌디 쿠팩스를 기념하는 이유는 그가 남긴 특별한 기록들 때문이다. 1962년부터 1966년 은퇴하기까지 5년은 그의 황금기였다. 181경기에 나서 111승 34패로 승률은 8할에 가까웠다. 176경기에 나서 100번의 완투, 33번의 완봉승을 거뒀다. 5년 연속 평균 자책점 1위, 3차례 다승과 탈삼진 1위에 올랐으며 3번의 사이영상을 수상했다. 메이저리그 역사상 최초로 연봉 10만 달러를 달성하기도 했다.

그런 그에게 야구보다 우선하는 것이 있었다. 유대인으로서의 믿음이었다. 1965년 월드시리즈 때의 일이다. 첫날 선발 투수로 쿠팩스가 내정되었다. 그는 구단에 월드시리즈 첫날 선발 투수로 나갈 수 없을 뿐만 아니라 대회장에도 나오지 않을 것이라고 선포한다. 그날은 유대인의 대속죄일, 욤 키푸르였다. 쿠팩스는 경기장이 아닌 유대교 회당 시나고그에서 가족 모임에 참여하겠다고 선포한다. 쉬운 선택이 아니었다. 당시만 하더라도 유대인에 대한 차별이 심할 때였다. 쿠팩스가 유대인으로서의 정체성이 분명했기에 가능한 선택이다.

정체성이란 무엇인가? 자기 인식이다. 다른 사람과의 차이인 동시에 본질적인 자기 존재에 대한 깨달음이라 할 수 있다. 쿠팩스는 야구선수이기 이전에 자신이 유대인임을 기억하고 있었다. 선수로서의 명예도 중요했지만 유대인으로서의 정체성을 지키는 것은 더 중요한 것으로 여겼다. 자신의 뜻보다 신의 명령에 순종하며 유대 율법을 따라 사는 삶을 더 명예롭게 여겼다. 건강상의 이유로 젊은 나이에 은퇴할 때도 그는 의연했다. 유대인으로서의 정체성과 삶의 목표가 분명했기 때문이다. 그는 사람들에게 말했다.

"내게는 야구를 그만 둔 후에도 살아가야 할 많은 시간이 있다. 그 시간들을 내 몸의 모든 부분을 쓰면서 살아가고 싶다."

그에게 야구 선수로서의 삶은 인생의 목표가 아니었다. 이러한 선택은 비단 쿠팩스만의 선택은 아니다. 유명인이든, 평범한 일상을 살아가는 사람들이든 다수의 유대인은 자신들만의 분명한 정체성을 가지고 오늘을 살아가고 있다. 2천 년 가까운 시간, 디아스포라로 살았다. 그 기나긴 시간을 토라, 탈무드를 읽으며 소망을 품고 살아왔다. 신앙 공동체로 시작된 유대인들의 소망, 이스라엘의 회복을 그들은 지켜보았다. 유대 경전의 메시아에 대한 예언 성취에 대한 기대와 믿음, 토라와 탈무드를 중심으로 세워 온 그들만의 독특한 민족 문화는 유대 공동체를 하나 된 가치로 세워왔다. 같은 목표를 가지고 한 곳을 향해 나아가도록 이끈 민족의 비전, 그것이 바로 유대인의 차별성이요 이스라엘의 오늘을 가능하게 한 힘임에 분명하다

글쓰기는 '스노우볼 프로젝트'다

눈사람을 만들기 위해서는 눈덩어리가 필요하다. 처음에는 주먹만 한 작은 눈덩어리를 만들고 눈을 덧입혀 크기를 불려 간다. 그렇게 축구공 크기의 눈덩어리를 만들면 이제 땅에 굴리며 눈덩어리를 크게 불려 간다. 중간 크기의 눈 덩어리를 만드는 것이 지겹고 더딜 뿐, 굴릴 정도의 눈덩어리는 큰 힘을 들이지 않고 많은 시간 들이지 않아도 순식간에 상상 이상의 눈덩어리가 된다.

글을 잘 쓰는 것도 필요하지만 잘 쓰지 못하는 나의 글을 용납하는 태도도 필요하다. 결과로서의 멋진 문장도 필요하지만 과정 속의 부족한 글도 인정해야 한다. 글에는 논리가 있어야 하고 주장이 분명해야 하지만 부족한 논리, 중구난방의 이야기면 어떤가. 태권도 유단자에게도 흰띠 시절이 있는 법이다. 내세울 것 없는 실력에도 자부심으로 어깨를 으쓱이는 초보 시절이 필요하다. 주눅 들면 다음의 기회조차 잃게 된다. 실수와 부족함은 용납되어야 할 초보자의 초깃값이다. 부족한 글이지만 쓰기를 시작한 사람들에게도 미숙함 속에서의 작은 진보는 칭찬받고 격려받아야 한다.

책을 쓰는 데 생각보다 오랜 시간이 걸렸다. 유대인의 글쓰기에 대해 참조할 책은 어디에도 없었다. 덕분에 유대인의 역사 자료들을 섭렵해 가는 즐거움을 누렸다. 바라는 것은 이 책이 독자들의 삶에 글쓰기에 대한 강한 동기를 찾는 계기가 되어주는 것이다. 책을 읽고 유대인의 대단함에 탄성만 지른다면 내가 책을 잘못 썼든지, 독자가 책을 잘 못 읽었던지 둘 중 하나다. 자신의 변화에 대한 기대를 품고, 오늘 글쓰기에 도전하려는 결심 너머 결단, 실행으로 이어간다면 이 책의 목표는 이뤄진 것이다.

글쓰기를 시작하라.

한 줄의 작은 글로부터 시작하라. 하나의 주제에 대한 이야기면 된다. 나를 이야기 하고 세상의 이야기하라. 써야 할 이유를 찾고 꾸준함을 유지한다면 작은 한 문장의 글은 상상 이상의 역량으로 내 삶에 자리 잡게 될 것이다.

글쓰기로 자신의 미래를 디자인하라.

글쓰기가 내 삶의 '오리지널 콘텐츠' 되게 하라.

그러기 위해 오늘 글을 쓰기로 결단하라.

그것으로 충분하다.